心理健康教育课程设计探究

王 群 卢立文 李 娜 著

中国原子能出版社

图书在版编目（CIP）数据

心理健康教育课程设计探究 / 王群，卢立文，李娜
著. --北京：中国原子能出版社，2023.11
ISBN 978-7-5221-3122-1

Ⅰ. ①心… Ⅱ. ①王… ②卢… ③李… Ⅲ. ①大学生
–心理健康–健康教育–课程设计–研究 Ⅳ. ①G444

中国国家版本馆 CIP 数据核字（2023）第 229814 号

心理健康教育课程设计探究

出版发行	中国原子能出版社（北京市海淀区阜成路 43 号　100048）
责任编辑	刘　佳
责任校对	冯莲凤
责任印制	赵　明
印　　刷	北京九州迅驰传媒文化有限公司
经　　销	全国新华书店
开　　本	787 mm×1092 mm　1/16
印　　张	12
字　　数	230 千字
版　　次	2024 年 6 月第 1 版　2024 年 6 月第 1 次印刷
书　　号	ISBN 978-7-5221-3122-1　　定　价　60.00 元

前　言

在现代高等教育环境中，大学生心理健康问题引起了广泛关注。面对学业压力、人际关系、未来不确定性等多重挑战，大学生成为心理健康问题的高发群体。因此，设计一门全面、实用的大学生心理健康教育课程至关重要。这门课程旨在为大学生提供心理健康知识、调适技能和支持资源，帮助他们更好地理解、应对和维护自己的心理健康。

本书对心理健康教育课程的类型、心理健康教育课程的结构体系、心理健康教育课程的缘起、现状与趋势做了简要介绍；阐述了心理健康教育课程的理论基础，其中包括心理健康教育课程的课程论基础、心理健康教育课程的心理学基础、心理健康教育课程的社会学基础；分析了心理健康教育课程设计，让读者对心理健康教育课程设计的基本内容有了全新的认识；然后对大学生心理健康教育课程特点、大学生心理健康教育课程改革初试、大学生心理教育课程改革后的教学设计、大学生心理健康教育新课程的表现进行了较大幅度的改进；从多维度阐述了心理健康教育课程改革与教师专业发展，充分反映了21世纪心理健康教育课程设计方面的前沿问题，力求让读者充分认识心理健康教育课程设计研究的重要性和必要性。本书兼具理论与实际应用价值，可供广大心理健康教育相关工作者参考和借鉴。

通过心理健康教育课程的设计，学生将有机会深入了解心理健康的重要性，学习有效的心理调适策略，培养积极的心态和适应压力的能力。教学内容将覆盖心理健康基础知识、常见心理问题的识别与处理、心理调适技能的培养等方面。此外，课程将强调互动性和实践性，通过案例分析、小组讨论、角色扮演等教学方法，使学生能够将所学知识应用于实际生活中。

目　录

第一章
心理健康教育课程概述

第一节　心理健康教育课程概述

一、心理健康教育课程的概念界定

心理健康教育课程是一门致力于促进个体心理健康的教育课程。它不仅关注心理疾病的预防和治疗，更强调培养个体积极的心理品质和有效的心理健康管理能力。心理健康教育是一门综合性学科，涵盖心理学、教育学、社会学等多个领域的知识。通过这门课程，学生能够全面了解心理健康的概念和相关领域的研究成果。该课程的主要目标是培养学生具备健康的心理状态和应对生活压力的能力。通过提供心理健康知识和实用技能，课程旨在使学生更好地理解自己的情感、思维和行为，从而实现全面的个体发展。心理健康教育不仅关注问题的预防，如焦虑、抑郁等，还强调积极心理品质的培养，如乐观、自尊等。通过预防和促进的手段，课程致力于提升个体的整体心理健康水平。该课程具有很强的实用性，教授学生在日常生活中应对挑战、建立健康的人际关系、有效沟通等实际技能。学生不仅能够理解理论知识，还能将其应用于实际情境。心理健康教育课程还关注个体心理健康与社会整体健康的关系。通过培养具有良好心理健康的公民，这门课程对社会的整体幸福和稳定具有积极的影响。总体而言，心理健康教育课程旨在提供一个全面的学习框架，使学生能够理解、应对和提升自己的心理健康水平，从而更好地适应多变的生活环境。

二、心理健康教育课程的特点

（一）发展性

大学生是一个特殊的生命阶段，他们经历了从青少年到成年人的关键时期。在这个阶段，个体面临着身份认同、学业压力、职业规划等多方面的挑战和机遇。因此，课程需要理解大学生的特殊需求和心理变化。课程应关注大学生身份认同的建构和自我探索的过程。通过深入讨论大学生的个体差异、价值观、兴趣等方面，帮助他们更好地理解自己，建立积极的自我认知。大学生在学业和职业方面面临着未来的不确定性。课程可以包含职业规划、面对学业压力的方法、未来发展的思考等内容，以引导大学生更好地面对和应对这些挑战。大学生时常面对新的社交环境和人际关系，如宿舍生活、社团活动等。课程可以关注大学生的人际关系发展，教授社交技能和解决冲突的方法，帮助他们建立健康的社会关系。虽然注重预防，但也要关注大学生可能面临的心理健康问题。课程应提供应对焦虑、抑郁等情绪困扰的方法，并倡导主动寻求帮助的观念，以建立积极的心理健康态度。课程可以通过定期的发展性评估，了解学生在不同方面的发展情况。通过反馈机制，帮助学生更全面地认知自己的成长，发现潜在的问题并及时加以解决。强调导师和辅导支持，提供个性化的心理辅导服务，使大学生在课程中得到更具体、更关怀的指导，更好地适应大学阶段的发展。通过关注大学生在不同生命阶段的发展，心理健康教育课程可以更好地满足他们的实际需求，帮助他们在这个关键时期实现全面的个体发展。

（二）体验性

体验性学习在大学生心理健康教育中发挥着重要作用。通过情境模拟，学生可以参与虚拟场景，模拟实际生活中可能遇到的心理健康挑战。这种亲身体验让学生更深入地理解心理健康概念，培养他们在真实情境中应对问题的能力。利用实际案例进行研究，使学生在理论知识的基础上进行实际问题的分析和解决。通过深入研究个案，学生能够更全面地理解心理健康问题的复杂性，并学会灵活运用相关理论。通过参与角色扮演，学生可以从不同的角度体验心理健康问题，增强他们的同理心和沟通技能。这种互动性的学习方式有助于培养学生的应变能力，提高解决问题的实际技能。将学生置于实际问题的解决过程中，让他们亲自动手解决心理健康挑战。这有助于培养学生的主动学习意识，使他们不仅理解理论知识，还能够将其应用于实际情境中。通过小组合作项目，学生可以在团队中共同解决心理健康问题。这种合作方式培养了学生的团队协作和集体智慧，使他们能够通过共同努力找到更有效的解决方案。体验性学习通常伴随着反思和讨论环节，学生有机会分享他们的体验，思考解决问题的过程，并从同伴和教师的反馈中获取更多见解。这促进了学生的深层次学习。通过体验性学习，学生能够在情感上与所学的内容建立联系。这种情感共鸣使学生更有可能将心理健康知识内化为自己的思维和行为模式。通过这些体验性学习方法，大学生能够更全面、深刻地理解心理健康概念和技能，同时提高在实际生活中应对心理健康挑战的能力。

（三）互动性

通过鼓励小组合作和问题探讨，课程创造了一个有利于学生之间互动的环境。这样的互动不仅让学生分享彼此的见解和经验，还能够共同思考心理健康问题，促进彼此之间的学习。学生被鼓励分享个人的心理健康经验，这种开放性的互动有助于打破沉默，减轻心理健康话题的社会压力。通过分享，学生能够建立更强的联系，并从彼此的经验中获得启发。互动性的学习鼓励学生积极参与社交活动，提升他们的社交技能。在小组中合作解决问题，学生不仅学到了合作的重要性，还培养了有效沟通和团队协作的能力。学生之间的互动促使知识的共建。通过讨论和交流，他们能够从不同的角度理解心理健康问题，形成更为综合和丰富的知识体系。这有助于深化他们对课程内容的理解。互动性学习有助于建立情感支持系统。学生在互动中能够建立起更为紧密的关系，这种支持系统在面对心理健康问题时尤为重要，能够提供情感上的支持和理解。在小组互动中，学生需要共同解决问题。这培养了他们的解决问题的能力，通过交流和协商找到最佳解决方案。这对于将来面对心理健康挑战时具有实际应用价值。互动性学习鼓励学生更主动地参与课程。主动参与学习的学生更有可能深入了解心理健康知识，形成持久的学习兴趣。通过这些互动性的教学方法，大学生能够在学习心理健康的同时，培养社交技能、建立支持系统，并更好地应对实际生活中的心理健康挑战。

（四）个性化

个性化是大学生心理健康教育课程的重要特点。课程采用差异化教学方法，以适应学生的个体差异。这可能包括根据学生的学习风格、兴趣和水平调整教学内容和方法，确保每个学生都能够得到最大程度的理解和收获。通过提供个别指导，教育者能够更深入地了解每个学生的需求和潜在问题。这种一对一的指导能够为学生提供更加贴近个体情况的支持和建议，帮助他们更好地应对心理健康挑战。个性化设置学习计划，允许学生按照自己的学习风格和节奏进行学习。这有助于提高学生的学习效率，让他们更加舒适地掌握心理健康知识和技能。课程可能采用多样的评估方式，以允许学生在表达自己的同时展示个性。这可能包括书面报告、口头表达、项目作业等，以满足不同学生的表达和展示方式。了解学生的兴趣并将其纳入课程内容中，有助于激发学生的学习兴趣。通过与学生的兴趣相关的实例和案例，课程能够更好地引发他们对心理健康问题的兴趣和参与。课程提供弹性学习路径，让学生能够根据自己的时间表和需求安排学习。这种灵活性有助于满足学生可能存在的时间和个人生活方面的差异。设立定期的反馈机制，让学生了解自己的学习进度和表现。通过及时的反馈，学生可以调整学习策略，更好地适应个体的学习需求。通过个性化的教学方法，大学生能够在心理健康教育中得到更加贴切和有针对性的支持，使每位学生都能够充分发挥潜力，实现全面的个体发展。

（五）终身学习性

终身学习性在大学生心理健康教育课程中是一项重要的特点。课程强调学习不仅是一个阶段性的过程，更是一个贯穿一生的态度。倡导终身学习观念鼓励学生持续关注心理健康领域的新知识，并在生活中不断应用和更新这些知识。学生被鼓励主动获取新的心理健康知识。这可能包括通过阅读最新的研究论文、参与心理学研讨会、订阅专业期刊等方式，使学生能够及时了解领域内的新发展。通过鼓励独立阅读和研究，学生可以深入挖掘自己感兴趣的主题。这有助于培养他们主动学习的能力，不仅局限于课堂所涵盖的内容，还能够追求更深层次的理解。学生被鼓励参与心理健康领域的社群，包括线上和线下的讨论组、社交媒体群体等。这样的参与促进了学生之间的交流，让他们能够分享经验、观点，拓展对心理健康问题的理解。为了跟上领域内的最新发展，课程本身也需要进行定期的更新。这样学生可以在课程中获得最新、最有趣的信息，保持学科的前沿性。学生可以制订个性化的学习计划，根据自己的职业目标和兴趣方向选择适合自己的学习路径。这有助于培养学生对自身发展方向的清晰认识，并更有目的性地进行学习。鼓励学生进行跨学科学习，拓展对心理健康问题的理解。这可能包括与其他学科领域的合作，以及参与多样性的学科研究项目。通过这一终身学习性的特点，大学生心理健康教育课程不仅注重培养当前知识和技能，更注重培养学生持续学习的态度和能力，以适应未来的学习和职业发展。

（六）实践导向性

实践导向性是大学生心理健康教育课程的关键特点。课程注重培养学生解决实际心理健康问题的技能。通过强调实践，学生能够在模拟和真实的情境中应用所学的知识，从而培养解决问题的实际能力。通过案例分析，学生深入研究和讨论真实的心理健康案例。这有助于将理论知识转化为实际应用，培养学生分析问题和制定解决方案的能力。角色扮演活动让学生从不同的视角体验心理健康问题，提高他们的同理心和沟通技能。这种实际的参与有助于培养学生在真实情境中应对心理健康挑战的能力。课程可能提供实际技能培训，如沟通技巧、解决冲突的方法等。这种培训使学生能够在实际生活中更好地与他人合作、解决问题，并提高应对心理健康问题的实用技能。为了加强实践导向性，课程可能提供社会实践和实习机会，让学生在真实的工作环境中应用所学知识。这种经历有助于将理论转化为实践，加深学生对心理健康领域的了解。课程采用问题导向的学习方法，将学生引导到真实的问题中，并激发他们主动寻找解决方案的动力。这有助于培养学生主动学习和实践的态度。课程可能建立反馈和改进机制，使学生能够从实践中获得反馈，并在错误中学习。这促进了学生的反思和不断进步。通过实践导向性，大学生心理健康教育课程旨在培养学生在实际生活中主动应对心理健康挑战的能力，使所学知识更具实际应用性。

（七）全人发展性

全人发展性是大学生心理健康教育课程的重要特点。课程致力于全面关注个体的发展，包括但不限于情感、认知、社交等多个方面。这意味着课程不仅仅关注解决心理健康问题，还注重培养学生在各个方面的全面素养。课程关注个体的情感发展，包括情绪管理、情感表达等方面。通过提供情感教育，学生能够更好地理解和处理自己的情感，建立健康的情感生活。强调认知发展，包括思维方式、问题解决能力等。学生将通过课程培养对自己和他人的理解，形成积极的认知模式，促进更健康的思考和决策。关注社交发展，培养学生在人际关系中的技能。这可能包括有效沟通、解决冲突、建立支持系统等方面，使学生能够更好地融入社会环境。课程尊重个体差异，认识到每个学生在发展方面有独特的需求和优势。通过差异化教学和支持，确保每个学生都能够在自己的发展轨迹上得到最大的支持。课程不仅关注当前的心理健康问题，还考虑到生命周期的不同阶段。这有助于学生更好地理解自己在不同生命阶段的需求，促进持续的全人发展。通过综合性的评估，课程可以了解学生在不同方面的发展情况。这种评估有助于发现可能存在的问题，并为提供更具体的支持和指导提供依据。通过关注全人发展性，大学生心理健康教育课程旨在培养学生在各个方面的能力，使其能够在学业、职业和生活中取得全面的成功。

这些特点的融合使得心理健康教育课程更具有吸引力和实用性，帮助学生在学术知识和实际技能方面都能够取得更好的发展。

三、心理健康教育课程的意义

（一）全面促进学生心理健康

全面促进学生心理健康是心理健康教育课程的首要目标。通过课程，学生将获得关于心理健康的基础知识，包括心理健康的定义、常见心理健康问题的认知，以及保持心理健康的基本原则。这为学生提供了理论框架，使他们能够更深入地了解自己的心理状态。除了理论知识，课程还注重培养实际的心理健康技能。这可能包括情感管理、压力应对、冲突解决、有效沟通等方面的技能。学生通过实际练习和体验，能够在日常生活中更好地应用这些技能。心理健康教育课程有助于建立学生的支持体系。这包括学生之间的支持网络，以及学校或社区提供的心理健康服务。学生被鼓励寻求支持，学会分享和倾诉。课程促使学生形成对自己和他人心理健康的敏感性和意识。学生能够更早地察觉潜在的问题，并采取积极的措施来维护和促进心理健康。考虑到每个学生的个体差异，课程关注不同学生的不同需求。差异化的教学方法确保了每位学生都能够根据自己的状况获得最大的帮助和支持。课程有助于建立积极的心理健康文化，使学校或社区成为一个支持和关爱心理健康的环境。这种文化将有助于减少心理健康问题的发生，同时提高学生对心理健康的重视。心理健康教育课程不仅仅是一次性的介入，更是一个持续的过程。通过定期的课程和活动，学生将保持对心理健康的持续关注，形成良好的心理健康习惯。通过全面促进学生心理健康，心理健康教育课程旨在帮助学生建立坚实的心理健康基础，使他们更好地应对生活中的各种挑战。

（二）预防心理健康问题的发生

预防心理健康问题的发生是心理健康教育的重要目标。心理健康教育课程着重培养学生的情感管理技能。学生学会了解自己的情感，有效地表达和处理情感，从而避免情感问题的积累和爆发。课程提供应对压力的有效策略，使学生能够更好地应对学业、人际关系或其他生活事件带来的压力。这有助于预防因压力导致的心理健康问题，如焦虑和抑郁。通过教育，学生被引导养成积极的心理健康习惯，包括规律的作息、良好的饮食、适度的锻炼等。这些习惯有助于维持身体和心理的平衡，减少患病的风险。课程注重培养健康的人际关系技能，使学生能够建立支持性的社交网络。良好的人际关系有助于降低孤独感和孤立感，是预防心理健康问题的重要因素。学生通过课程学会自我认知，了解自己的需求、价值观和情绪状态。这有助于预防因为对自己缺乏了解而引发的心理健康问题，并能更好地调适自己的情绪。课程可能涵盖生活技能的培养，包括时间管理、目标设定、解决问题等。这些技能有助于学生更好地组织生活，降低生活事件对心理健康的负面影响。学生通过课程学到认知和心理弹性的概念，培养对挑战的积极态度和适应能力。这有助于预防因固有思维模式和对挫折的过度反应而导致的心理健康问题。通过预防心理健康问题的发生，心理健康教育课程致力于提高学生的整体心理健康水平，使他们更具备应对生活中各种压力和挑战的能力。

（三）提高心理健康素养

提高心理健康素养是心理健康教育的核心目标之一。心理健康教育课程鼓励学生进行深层次的自我认知。学生通过课程学习了解自己的情感、需求、价值观等方面，形成对自身的清晰认识。这种认知有助于建立积极的自我身份感和自尊心。课程强调提升情感智商，使学生能够更好地理解和管理自己的情感。情感智商包括情绪识别、情感表达、情感调节等方面的能力，有助于提高情感健康水平。学生通过心理健康教育培养认知灵活性，即在面对挑战和变化时能够灵活调整思维和行为。这有助于预防因刚性思维和对变化的抵抗而引发的心理健康问题。课程注重培养学生的适应性，使他们能够在不同环境和情境中适应变化。适应性是心理健康的重要组成部分，有助于降低因适应困难而引发的压力和焦虑。心理健康教育课程培养学生的问题解决和决策能力。这包括在面对困难和冲突时能够制定有效的解决方案，提高应对生活挑战的能力。学生通过课程学习自我调适和心理弹性的概念，即在压力和困难面前能够迅速调整心态，保持积极态度。这有助于增强学生应对生活波动的韧性。课程培养学生的自我管理技能，包括时间管理、目标设定、资源分配等。这些技能有助于学生更好地组织自己的生活，减少不必要的压力和焦虑。心理健康素养也包括对他人情感的理解和与他人建立积极关系的能力。培养学生的社交智慧有助于提高人际关系的质量，降低因社交问题引发的心理健康问题。通过提高心理健康素养，心理健康教育课程旨在培养学生全面健康、积极适应的心理状态，使其更好地应对生活中的各种挑战。

（四）促进学生学业和职业成功

促进学生学业和职业成功是心理健康教育的一个关键目标。心理健康教育课程帮助学生学习有效的压力管理策略，使他们能够更好地处理学业压力。这有助于提高学业表现，减少因学业压力引发的心理健康问题。通过培养心理健康素养，学生能够建立积极的学习态度。积极的学习态度有助于提高学习效果，使学生更乐于接受新知识和挑战。心理健康教育课程关注人际关系的培养，包括与同学、老师和其他社会成员的关系。良好的人际关系有助于学生获得支持和合作机会，对学业和职业发展产生积极影响。学生通过心理健康教育课程学到自我领导和目标设定的重要性。这有助于他们更好地规划自己的学业和职业发展道路，明确个人目标，并采取积极的行动。课程培养学生的决策能力和问题解决技能，这对于学业和职业发展至关重要。学生能够更好地应对困难和挑战，做出明智的决策。学生通过心理健康教育课程学到如何在职场中有效管理情绪。良好的情绪管理有助于建立积极的工作环境，提高职场适应力。心理健康教育有助于提高学生的自信心和自尊心。这对于在学业和职业中展现自己的能力和价值至关重要。课程可能包含有关职业规划和发展的内容，帮助学生更好地了解自己的兴趣、优势和职业目标，从而更有针对性地制订职业发展计划。通过促进学生学业和职业成功，心理健康教育课程旨在培养学生全面发展，使他们在学术和职业领域都能够取得成功。

（五）培养社会责任感和同理心

培养社会责任感和同理心是心理健康教育的重要目标之一。心理健康教育课程帮助学生了解不同个体可能面临的心理挑战。这种理解有助于减少刻板印象和偏见，使学生更能够同理他人的心理状态。学生通过课程培养建立支持性社交网络的技能。这包括提供支持、倾听他人的需求及在朋友和同学之间建立互助关系。这种社交网络有助于缓解心理健康问题的发生和发展。心理健康教育鼓励学生参与社会服务和志愿活动。通过为他人提供支持和帮助，学生能够培养社会责任感，体验共情和同理心的实际应用。课程可能涵盖不同文化和社会背景下的心理健康观念。这有助于学生拓宽他们的视野，理解不同群体的心理健康需求，进而更具同理心。心理健康教育课程有助于提高学生对心理健康问题的公共认识。这有助于打破心理健康问题的社会污名，促使更多人理解和关心心理健康。学生通过参与团队合作和集体项目，培养集体责任感。团队合作有助于学生学会在集体中协调和合作，形成共同的目标和价值观。心理健康教育有助于提高学生对社会问题的敏感性，包括心理健康领域的挑战。学生更能够关注社会问题，为促进社会心理健康作出积极贡献。学生可能通过心理健康教育参与倡导和意识活动，为心理健康问题发声。这有助于建立学生的社会责任感，使他们成为心理健康倡导者。通过培养社会责任感和同理心，心理健康教育旨在培养更具社会参与意识的个体，为建设更加理解与支持的社会作出贡献。

（六）改善学校氛围

改善学校氛围是心理健康教育的积极影响之一。心理健康教育将心理健康问题引入学校的讨论和关注之中。学生、教师和家长更加关注心理健康问题，增强了整个学校对这一重要议题的认识。学校通过心理健康教育建立更完善的心理健康支持系统。这可能包括专业心理辅导、心理健康教育课程、社交支持网络等，为学生提供多层次的支持。通过提高心理健康意识和建立支持系统，学校可以减少心理健康问题的发生率。更早地识别和处理心理健康问题有助于防止问题的进一步恶化。心理健康教育课程通过鼓励学生参与小组合作、分享经验等方式，促进学生的社交发展。良好的社交关系有助于缓解孤独感和孤立感，营造积极的学校氛围。教师和家长通过心理健康教育了解如何更好地支持学生的心理健康。这不仅包括对学生心理健康问题的认知，还包括提供有效的支持和引导的技能。学校中心理健康的正面讨论鼓励了开放对话。学生感到更容易分享他们的感受，教师和家长也更能够了解学生的需求，形成更加开放和理解的沟通氛围。心理健康教育有助于塑造积极的学校文化，使学校成为一个支持和关爱心理健康的环境。积极的学校文化有助于提高学生的幸福感和归属感。通过心理健康教育，学生更可能参与学校的心理健康活动，提高主动性。这有助于建立学生对自己心理健康的责任感，促使他们更积极地参与学校生活。通过改善学校氛围，心理健康教育为学生提供了更加支持性和健康的学习环境，有助于全体学生更好地发展和成长。

（七）减轻心理健康问题的社会负担

减轻心理健康问题的社会负担是心理健康教育的重要社会效益之一。心理健康教育通过提高个体的心理健康素养，培养应对压力的能力，减少不良的心理健康行为，从而有望降低心理健康问题的患病率。这对个体和社会都是积极的。心理健康教育有助于早期发现心理健康问题的迹象。通过提高对心理健康问题的认知，学生、教师和家长更容易识别并进行早期干预，防止问题进一步发展。通过心理健康教育，社会对心理健康问题的认知得以提高。这不仅有助于减少对心理健康问题的社会污名，还能促使更多人寻求心理健康服务。降低心理健康问题的患病率和提高社会对心理健康的认知，有助于减轻心理健康服务的压力。更多的人能够通过早期干预、心理健康教育等手段自我管理，减轻对专业心理健康服务的需求。通过心理健康教育，个体更可能具备应对生活压力的能力，提高工作效能和社会参与度。这不仅有助于个体的幸福感和生活质量，也对社会的整体发展有积极影响。心理健康问题带来的社会成本包括医疗费用、失业、社会福利等。通过减少心理健康问题的患病率，社会能够降低相关的医疗和社会成本，实现资源的更有效利用。心理健康问题会对个体的工作和生活产生负面影响，降低劳动力生产力。通过心理健康教育，能够提高个体的工作效能和创造力，有助于提高整体劳动力生产力。减轻心理健康问题的社会负担有助于社会的和谐稳定。心理健康问题可能导致一系列社会问题，通过有效的心理健康教育可以缓解这些问题，促进社会的良性发展。总体而言，通过降低心理健康问题的患病率和提高社会对心理健康的关注，心理健康教育对社会健康和稳定有着积极的影响。

（八）培养终身学习和适应的能力

培养终身学习和适应的能力是心理健康教育的重要目标之一。心理健康教育强调学习是一个持续的过程，而非仅限于特定阶段。学生被鼓励拥抱终身学习的观念，不仅关注学业阶段，也注重在职业生涯和生活中不断学习和成长。在快速变化的社会中，心理健康教育帮助学生培养适应能力。学生学会灵活调整自己的认知和行为，适应新环境、新技术和新挑战，降低因变化带来的压力和焦虑。心理健康教育课程鼓励学生发展自主学习的技能。学生学会自主设定学习目标、规划学习过程，并通过不断的反思和调整，提高自身的学习效率和深度。终身学习不仅需要学习理论知识，还需要培养解决实际问题的实际能力。心理健康教育通过实践导向的方法，教授学生如何将理论知识应用于实际情境，培养他们解决问题的实际能力。终身学习与个体的自我认知和发展密切相关。心理健康教育通过帮助学生了解自己的需求、价值观和目标，鼓励他们根据个人特点调整学习方式，实现个体的全面发展。在信息爆炸的时代，学生需要具备高效获取和处理信息的能力。心理健康教育培养学生对新信息的敏感性，教导他们如何在海量信息中筛选、评估和运用有用的知识。心理健康教育通过激发学生的学习兴趣和动力，使他们保持对新知识的热情。学生通过培养对学习的积极态度，更愿意主动迎接新的学习挑战。终身学习要求跨学科和跨文化的学习。心理健康教育可能涉及多个学科领域，促使学生拓展学科边界，增加对多元文化的理解，提高综合学习能力。通过培养终身学习和适应的能力，心理健康教育为学生提供了在不断变化的社会中取得成功的关键工具和素养。

综合而言，心理健康教育课程的意义在于通过全面、系统的教育方式，提高学生的心理健康水平，为他们的整体发展和社会参与创造更有利的条件。

第二节　心理健康教育课程的类型

一、心理健康教育学科课程

（一）基础心理学知识

认知心理学涵盖了对思维、学习和记忆等心理过程的研究。这包括了人类信息处理的方式，以及如何理解、记忆和解决问题。学生将学会分析思维模式、认知误差和决策过程，为理解个体心理活动提供了基础。

情感心理学关注情感的本质和表达方式。通过深入研究愉悦、激动、焦虑等情感，学生能够理解情感是如何影响思维和行为的。同时，情感调节的技能也是培养心理健康的关键，学生将学到如何管理和表达自己的情感，以及如何支持他人情感的健康表达。

社会心理学研究人际关系、群体行为和社会影响。学生将深入了解个体在群体中的行为模式，以及社会因素对个体心理的影响。这包括研究人际关系的动态、群体决策的心理机制和社会认知的形成。

发展心理学关注个体在生命周期内的发展过程。学生将了解婴儿、儿童、青少年和成年人在不同阶段的心理发展，包括身体、认知、情感和社交方面的变化。这有助于理解个体经历的不同阶段对心理健康的影响，以及提供相应的支持和干预。

这些基础心理学知识的全面理解，为学生提供了分析和解释个体心理过程的工具，为后续的心理健康教育和实践奠定了坚实的基础。

（二）心理健康与心理疾病

心理健康与心理疾病是心理健康教育中一个关键的主题，它涵盖了个体在心理领域的正常发展和可能面临的问题。心理健康是一个动态的概念，与个体的正常心理发展密切相关。正常心理发展涵盖了生命周期的各个阶段，从婴儿期到老年期，每个阶段都有其独特的心理特征和发展任务。了解正常心理发展有助于认识个体在不同阶段的需求和挑战，为提供有针对性的心理支持奠定基础。在心理健康的讨论中，也必须关注常见的心理健康问题。这包括但不限于焦虑、抑郁、应激反应等。学生将学到如何识别这些问题的迹象，了解其对个体生活和功能的影响。这种认知有助于及早干预和提供支持，以促进个体的心理康复。同时，了解心理疾病是心理健康教育中不可或缺的一部分。心理疾病可能包括广泛的范围，从焦虑障碍、抑郁症到更严重的精神疾病。学生将学到如何辨认心理疾病的症状、诊断标准及不同的治疗选择。这种了解是为了更好地支持那些可能患有心理疾病的个体，以及推动心理健康服务的提升和普及。

通过深入研究正常心理发展和常见心理健康问题，学生能够建立对心理健康领域的全面理解，为日后的实践工作提供扎实的理论基础。

（三）评估与干预

评估与干预是心理健康教育中的关键环节，它涵盖了识别和理解个体心理健康状况的方法，以及为改善心理健康提供支持的技能。学生将学到使用不同的心理评估工具，包括问卷调查、面谈、观察等。了解这些工具的原理和应用范围，使学生能够在不同情境下有效地评估个体的心理健康状况。这有助于制订个性化的干预计划和提供有针对性的支持。学生将培养与个体对话的技能，建立信任关系，收集关键信息。良好的面谈技巧有助于更深入地了解个体的心理状态，同时为个体提供一个开放的沟通空间。学生将学到心理健康问题的诊断原则，了解不同心理健康问题的诊断标准和分类体系。这有助于精确地识别问题的本质，为制订有效的治疗计划奠定基础。学生将深入研究各种心理治疗方法，包括认知行为疗法、心理动力学、人本主义等。了解这些方法的原理和适用范围，使学生能够根据个体的需要选择合适的治疗策略。学生也将学到如何在团体中提供心理支持，包括团体治疗、支持小组等。团体干预不仅能够提供专业的支持，还能够通过群体互动促进社交支持和共同体感。通过学习评估工具、干预技能和心理治疗方法，学生将能够全面了解不同的心理健康问题，并掌握有效的干预手段，为个体提供更有针对性和持久性的支持。

（四）心理健康促进

心理健康促进是心理健康教育中的积极一面，旨在通过设计和实施各种活动来增强个体和群体的心理健康。学生将学到如何设计全面的心理健康教育计划，包括明确目标、选择合适的方法和制定评估标准。这个过程需要学生考虑不同年龄、文化和社会背景的个体，以确保教育计划的有效性和适应性。学生将研究和实施在社区中推动心理健康的各种活动。这可能包括举办心理健康讲座、社交活动、宣传活动等，以提高公众对心理健康的认识。学生将学到如何在学校环境中设计和实施心理健康项目。这可能包括在课堂中融入心理健康教育、组织支持小组、建立心理健康资源中心等。

学生将了解如何在职业环境中推动心理健康。这包括促进工作与生活的平衡、提供员工心理健康资源、组织培训以提高职工心理健康意识等。学生将学到如何为个体设计定制的心理健康计划，根据其具体需求和目标制定个性化的心理健康活动。这可能包括制定目标、建立支持网络、制订自我管理计划等。学生将研究如何充分利用新媒体和技术，例如社交媒体、应用程序等，传播心理健康信息和资源，以及促进在线支持和咨询。通过学习心理健康促进，学生将培养组织和领导能力，为不同层面和环境中的心理健康推广提供专业的支持。这有助于建立更加心理健康的社会和社区。

（五）实习与实践

实习与实践是心理健康教育学科中不可或缺的一部分，它提供了学生将理论知识转化为实际技能和经验的机会。学生将有机会在实际工作场景中应用他们的心理健康知识和技能。这可能包括在心理健康机构、学校、社区组织等地方进行实地实习，与专业人员一同工作，并直接面对各种心理健康挑战。学生将学习分析真实案例，理解不同个体的心理健康问题和应对策略。这种实际案例分析有助于学生将理论知识与实践经验相结合，提高问题解决的能力。在实践中，学生将接受来自专业人士和同事的反馈。这种反馈对于学生不断改进自己的技能和方法至关重要。学生将学到如何有效地接受和应用反馈，以提高他们的专业水平。实习与实践通常需要学生与其他专业人士合作，包括心理医生、社工、教育家等。学生将学到如何在跨学科团队中协作，以提供更全面的心理健康服务。学生将在实践中了解心理健康服务领域的伦理和法律问题。这包括个体隐私权、机密性、职业责任等方面的考虑，有助于学生在实践中遵守专业道德标准。实习与实践是学生深入了解自己的机会。通过实际工作经验，学生将更清晰地认识到自己的优势、局限性和专业发展方向。这种自我反思对于个人职业发展至关重要。通过实习与实践，学生能够在真实的环境中应用他们的知识，培养实际工作中所需的技能，并逐步成为有经验的心理健康专业人士。

二、健康教育活动课程

（一）康体运动

康体运动是指有组织的、有计划的身体活动，旨在提高健康水平。康体运动通过促进身体的生理变化，如增加血液循环、改善氧气输送等，有助于维持身体器官和系统的正常功能。这些生理效应对于维护身体和心理的整体健康至关重要。运动对神经系统产生积极影响，有助于释放神经递质，如多巴胺和内啡肽，这些物质与情感调节和愉悦感相关。适度的康体运动可改善情绪状态，减轻焦虑和抑郁。康体运动被认为是一种出色的压力缓解方式。通过运动，身体释放出的化学物质可以帮助平衡压力激素，降低紧张感，使个体更能有效地应对生活中的压力。运动对大脑有益，有助于提高注意力、记忆和认知功能。这对于学习、工作和解决问题都具有重要意义，同时也有助于预防认知退化。参与康体运动常常提供社交机会，通过与他人一同运动，个体可以建立社交网络，增强社交支持系统。这对于心理健康的维护和促进社会互动至关重要。通过参与康体运动并取得进步，个体可以提高自我效能感。这种自信心的提升有助于改善自尊和自我认知，对心理健康产生积极影响。康体运动被证明与提升幸福感和生活满意度相关。运动释放的内啡肽等化学物质有助于产生积极的情感体验，使个体更加快乐和满足。总体而言，康体运动不仅对身体健康有益，也对心理健康产生积极影响。这是一个可持续的生活方式，有助于促进整体的身心健康。

（二）营养课程

　　营养课程旨在向个体传授健康饮食和营养的基本概念，以促进身体和心理的全面健康。营养课程首先会介绍基本的营养知识，包括碳水化合物、脂肪、蛋白质、维生素和矿物质等。学生将了解这些营养成分在身体中的功能及其对整体健康的重要性。课程强调平衡饮食的原则，包括合理搭配各种食物，确保摄入足够的营养成分。学生将学到如何制订健康的饮食计划，以满足身体各个方面的需求。学生将深入了解不同食物的组成和选择，包括绿叶蔬菜、水果、全谷类、蛋白质源等。了解不同食物的营养价值有助于制定多样化、丰富的饮食。营养课程也将介绍特殊人群的膳食需求，如孕妇、婴幼儿、老年人等。学生将学到如何调整饮食计划以满足不同生命周期和健康状况的需求。课程将强调饮食与心理健康之间的紧密联系。了解食物对情绪、注意力和认知功能的影响，有助于学生更全面地理解健康饮食的重要性。营养课程将介绍饮食与慢性病之间的关系，包括心血管疾病、糖尿病等。学生将学到如何通过饮食调整、预防和管理慢性病。了解不同文化的饮食传统和多样性是课程的一部分。学生将学到如何在尊重文化差异的同时，提供健康的饮食建议。通过这些内容，营养课程旨在培养学生正确的饮食观念，使他们能够在个人和社区层面促进健康的饮食习惯，从而维护身体和心理的整体健康。

（三）团体活动

　　团体活动是一种通过协作和社交互动来促进社交健康的形式。团体活动提供了建立社交支持网络的机会。通过共同的体验和目标，个体能够建立深厚的关系，这对于社交支持和情感连接至关重要。参与团队活动有助于提高团队协作和沟通技能。这对于个体在社交环境中更好地交往、合作和解决问题至关重要。团队活动为个体提供了积极的社交互动平台。在这些活动中，个体有机会分享彼此的经验、观点和情感，从而促进更深层次的社交交流。团队建设活动有助于培养社交信任。通过共同努力和相互依赖，个体可以建立互信关系，提高对他人的信任感，从而促进更加健康的社交关系。团体活动提供了一个练习社交技能的平台。这包括主动倾听、表达意见、解决冲突等技能，对于个体更好地应对社交挑战和建立积极的社交关系具有重要价值。参与团队活动有助于降低社交孤立感。对于那些感到孤独或与他人疏远的个体来说，团队活动提供了一个融入社交群体的机会，从而改善心理健康。团队活动有助于塑造共同体感。通过共享成功和挑战，个体能够感受到自己是一个群体的一部分，这对于建立身份认同感和社交归属感非常重要。通过促进社交健康，团队活动成为一个有力的工具，不仅有助于个体的心理健康，还有助于建设更加包容和支持的社交环境。

三、心理健康教育隐蔽课程

（一）艺术与创意课程

艺术与创意课程旨在通过各种艺术形式，如绘画、音乐、舞蹈等，促进情感表达和创造力的发展。艺术和创意活动为个体提供了一种非常直观的方式来表达情感。通过绘画、写作、音乐等形式，个体可以将内心感受和情感通过艺术媒介表达出来，从而促进情感的释放和理解。艺术与创意课程鼓励个体发挥创造力。参与各种艺术活动，如绘画、雕塑、音乐创作等，有助于培养个体独特的思维方式，激发创造性思维和解决问题的能力。通过艺术表达，个体能够更有效地调节情感。这对于情绪管理和情感平衡至关重要，使个体能够更健康地应对生活中的压力和挑战。艺术创作过程是一个自我发现和认知的旅程。个体通过创作过程中的反思和观察，更深入地了解自己的价值观、信仰和个性特点。艺术与创意活动常常是群体性的，促进了社交互动。在集体创作或展览的过程中，个体能够与他人分享和交流，增进社交关系，建立共同兴趣。艺术创作被认为是一种有效的压力缓解方式。沉浸在艺术中，个体能够将注意力从日常生活压力中解放出来，创造一个放松的情境，有助于身心恢复平衡。艺术与创意活动鼓励个体尝试新的方法和思考方式。这种探索精神有助于培养个体的好奇心和勇气，让他们更愿意冒险尝试新的事物。通过艺术与创意课程，个体得以在自由和创造性的环境中发展情感表达和创造力，从而促进心理健康和全面发展。

（二）决策与问题解决

决策与问题解决是心理健康教育中的关键主题，旨在帮助学生培养应对生活挑战的心理健康技能。课程将关注培养学生健康的决策技能。这包括信息收集、权衡利弊、设定目标和制订计划等方面。通过实践性的活动和案例研究，学生将学到如何做出明智的决策，有助于心理健康的维护。学生将学到各种问题解决策略，包括系统性思考、分步分析、寻找创造性解决方案等。这些策略有助于学生更有效地应对生活中的各种困难和挑战，提高应对压力的能力。决策与问题解决课程将教授情绪管理技能，帮助学生在决策和问题解决过程中保持冷静和理智。了解情绪如何影响决策，并学会有效地处理情绪，是维护心理健康的重要一环。学生将学到如何应对生活中的挫折和失败。这可能包括学习从失败中汲取经验教训、培养韧性、寻求支持等。这些技能对于维持心理健康和积极心态至关重要。决策与问题解决课程将鼓励学生培养自我效能感，即相信自己有能力应对挑战。通过成功解决问题和做出明智的决策，个体的自信心和自我效能感将得到提高。课程将强调理论知识的实践应用。学生将有机会在实际场景中应用所学的决策和问题解决技能，从而更好地理解和掌握这些技能。问题解决和决策通常需要团队协作。学生将学到如何有效地与他人合作，共同解决问题，从而培养团队协作和社交技能。通过决策与问题解决课程，学生将获得处理生活中各种挑战的实际技能，提高应对压力和解决问题的能力，从而促进心理健康的全面发展。

（三）社交技能培训

社交技能培训是一项旨在提供改进人际交往能力的培训活动，旨在帮助个体更有效地与他人交往。社交技能培训通常包括非言语沟通，如身体语言、眼神交流和姿势。学生将学到如何通过这些非言语元素传递信息，提高与他人的互动效果。培训将注重积极表达和倾听技能的发展。学生将学到如何清晰地表达自己的想法，同时也学会倾听他人，增强沟通的双向性。社交技能培训将包括解决冲突的技能。这包括有效沟通、理解对方观点、妥善处理分歧等方面的能力，以维护良好的人际关系。学生将学到如何主动建立和维护健康的人际关系。这包括社交网络的拓展、朋友关系的建立和职业人际关系的发展等方面。社交技能培训有助于学生提高自我主张能力。个体将学到如何明确表达自己的需求、意见和愿望，而不是沉默或妥协。学生将培养情绪智力，了解并有效处理自己和他人的情绪。这对于更好地理解和回应他人的情感，提高社交交往质量至关重要。培训将帮助学生适应不同的社交场合。这包括正式和非正式的社交活动、职业场合等，使学生在各种环境中都能表现得自如和得体。学生将学到如何接受他人的反馈，并将这些反馈应用到自己的行为中。这有助于不断改进和提升个体的社交技能水平。通过社交技能培训，学生将得到全面的人际交往能力发展，使他们更自信、更有信任感，从而促进更加积极和健康的社交关系。

四、心理健康教育融合课程

（一）心理健康与体育

心理健康与体育之间存在密切的关系，运动对心理健康产生多方面的积极影响。运动被认为是一种出色的情绪调节方式。体育活动能够促进身体释放多巴胺和内啡肽等神经递质，提升情绪状态，减轻焦虑和抑郁感。参与体育锻炼有助于缓解生活中的压力。身体运动能够降低身体内的应激激素水平，帮助个体更好地应对各种挑战和压力源。体育活动提供了发展和展示个体技能的机会，这有助于提高自尊心。通过运动中的成就感和身体表现，个体能够培养积极的自我形象。参与体育活动通常涉及团队合作或集体竞技，促进了社交互动。建立和加强与他人的联系，有助于形成支持系统，提高社交健康。运动对大脑的正面影响有助于提高注意力、记忆和认知功能。这对于学习、工作和解决问题都具有重要的意义。体育锻炼有助于改善睡眠质量。规律的身体活动可以帮助调整生物钟，使个体更容易入睡并获得更深层次的休息。运动是一种积极的情感管理方式。通过运动，个体能够释放负面情绪，提升情感韧性，更好地应对生活中的挑战。积极的体育活动与预防心理健康问题相关。运动被认为可以减少抑郁、焦虑等心理健康问题的风险，对预防和辅助治疗心理障碍具有积极作用。运动有助于培养个体的心理弹性，即在面对挫折和压力时更快地适应和恢复。这对于维持心理健康的韧性至关重要。综合而言，心理健康与体育的结合为个体提供了一个全面的健康促进途径。通过参与体育活动，个体能够在身体和心理层面都得到增强，实现更加全面的幸福感和生活质量。

（二）文学与心理学

文学与心理学的结合提供了一种深入了解人类情感和心理的独特途径。文学作品是作者情感和思想的抒发之地。通过文学，读者能够深入体验和理解人类丰富的情感世界，包括喜怒哀乐等复杂情感。文学中的人物塑造是对人类心理的深刻描绘。作家通过塑造人物的思想、动机和行为，展示了丰富而多层次的心理世界，使读者更好地理解人性。文学作品中的情节发展反映了人类生活中的冲突、挑战和变化。这有助于读者更深刻地理解情境对个体心理的影响，以及人们在不同情境下做出的心理选择。不同的叙事视角提供了不同的心理观察角度。通过第一人称、第三人称等叙事方式，读者能够深入了解人物内在世界，感知故事中的情感和心理变化。文学作品经常探讨深刻的主题，如爱、死亡、孤独、幸福等。这些主题反映了人类对于生命和存在的深刻思考，引导读者深入思考自己的内心世界。作家常常使用符号和隐喻来传达更深层次的心理含义。通过解读这些符号，读者可以深入理解作品中蕴含的心理内涵和情感信息。文学作品不仅仅是对个体心理的表达，也是对社会心理的反映。通过作品中人物的相互关系、社会背景的描绘，读者可以更好地理解群体心理和社会心理现象。阅读文学作品有助于个体深入自我认知。通过与文学人物的共鸣和对比，读者可以更好地理解自己的情感、欲望和人生观。通过文学作品，个体能够走进作者创造的世界，感知和体验各种情感、思想和心理变化，从而拓展对人类心理的认识，促进个体的心灵成长。

（三）科技与心理健康

科技与心理健康的结合为人们提供了更便捷、实时的心理支持和资源。通过互联网，个体可以轻松访问在线心理咨询服务。这种形式的咨询能够提供实时的心理支持，帮助处理情绪问题、压力和焦虑。许多心理健康应用程序提供了各种工具和资源，如冥想、放松练习、情绪跟踪等。这些应用使个体能够在日常生活中随时随地进行心理健康的自我管理。虚拟现实技术被应用于心理治疗，提供一种更身临其境的体验。这种疗法可用于治疗恐惧症、创伤后应激障碍等问题。通过在线社交平台和社区，个体能够分享经验、获取支持，建立心理健康的社交网络。这种形式的支持使人们能够感到连接和理解。穿戴设备和生理数据监测工具可以帮助个体监测生理指标，如心率、睡眠质量等。这些数据提供了对个体心理健康状况的线索，有助于自我调节和改善。通过在线平台，人们可以获取关于心理健康的教育资源。这有助于提高公众对心理健康问题的认识，减少心理健康问题的社会污名。智能语音助手可以提供定制的心理支持和建议。这种技术使个体能够以更自然的方式与技术进行互动，获取所需的信息和支持。通过在线平台，个体可以进行心理测评，评估自己的心理健康状况。这为及早发现和处理心理问题提供了便捷的途径。利用视频通话技术，心理专业人士可以为个体提供远程心理治疗服务。这种形式的治疗突破了地理距离的限制，使人们更容易获得专业的心理支持。科技与心理健康的结合为人们提供了更多选择，使心理健康服务更加灵活和个性化。然而，应当谨慎使用科技工具，确保其安全性和有效性，以实现更好的心理健康效果。每个课程类型都有其独特的优势，共同构建了一个综合性的心理健康教育体系，旨在培养学生全方位的能力和认知。

第三节　心理健康教育课程的结构体系

一、心理健康教育课程目标

心理健康教育课程的目标旨在全面促进学生的心理健康，培养他们在面对生活挑战时具备应对压力、建立积极情感和良好人际关系的能力。

（一）促进心理健康认知

促进心理健康认知是心理健康教育课程中的重要目标，旨在帮助学生建立对心理健康的基本认知和理解。开始课程时，介绍心理健康的定义和概念，强调它与整体健康的密切关系。讨论心理健康对个体生活的重要性，以及它对身体健康、社交关系和生活质量的影响。探讨情绪、情感和心理健康之间的关系。帮助学生理解不同情绪的正常表达，以及如何处理和管理不同的情感体验。讲解压力的概念，明确良好的应对策略。讨论正面的应对方法，如积极的问题解决、放松技巧和寻求社会支持等。通过真实案例或场景分析，让学生更具体地了解心理健康问题和应对挑战的情境。这有助于将理论知识应用到实际生活中。鼓励学生自我评估自己的心理健康状况。提供自测工具或问卷，让学生反思自己的情感状态、应对能力和生活压力水平。利用多媒体资源，如视频、漫画、图表等，生动形象地展示心理健康概念。这有助于提高学生的兴趣和理解程度。通过小组讨论、班级分享或心理健康日记等方式，鼓励学生分享彼此的心理健康体验，促进集体学习和支持。将心理健康认知扩展到其他相关主题，如心理健康与职业发展、学业表现、人际关系等方面的关系。这有助于学生将心理健康概念与实际生活联系起来。由于心理健康领域的知识不断发展，定期更新课程内容，确保学生获取到最新的心理健康认知信息。通过以上方法，学生将更全面地理解和认知心理健康，建立对其重要性的正确认识，并为后续学习和实践提供坚实的基础。

（二）发展情感管理能力

发展情感管理能力是心理健康教育中的一个重要目标，旨在帮助学生认识和有效处理各种情感。帮助学生认识并标识自己的情感。通过练习和讨论，让他们学会用准确的词汇描述自己的情感状态，从而更好地理解内在的情感体验。鼓励学生学会用适当的方式表达情感。这可以通过写日记、绘画、音乐或口头表达等形式实现。强调表达情感的重要性，以减轻内在压力。教授学生情感调节的技能，使他们能够更好地掌控情绪。这包括深呼吸、冥想、放松练习等方法，有助于平复激发的情感，提高情感的稳定性。引导学生学会应对负面情绪，如焦虑、愤怒和沮丧。通过教授积极的问题解决技能、接受困境并寻求支持，培养应对挑战的能力。在课堂环境中创造一个安全、包容的氛围，让学生感到可以自由表达情感而不受批判。这有助于培养情感表达的勇气和自信。教导学生情感智商的重要性，即理解、运用和调节情感的能力。通过案例分析、小组讨论等方式，提高学生对情感的敏感性和理解力。鼓励学生制订个人的情感管理计划。这包括识别常见的情感触发因素、列出应对策略、制定积极的情感目标等，使他们能够主动管理自己的情感状态。通过角色扮演活动，让学生在模拟的情境中体验各种情感，并尝试不同的情感表达和应对方式。这有助于提高他们的实际操作能力。对于情感管理能力较弱或面临特殊情境的学生，提供个别辅导和支持。这可以通过学校心理辅导员或专业心理健康专家实现。通过这些方法，学生将能够更全面、积极地处理各种情感，提高情感管理的效能，从而促进整体的心理健康。

（三）提升社交技能

提升社交技能是培养学生健康人际关系的关键目标。强调清晰表达和倾听的重要性。通过角色扮演、小组活动等方式让学生实践积极的沟通技能，包括肯定性陈述、明确表达需求和倾听他人。教导学生如何识别、理解和解决人际冲突。通过案例分析、模拟情境等方式，培养学生冷静、理智地处理冲突的技能，并提倡妥善的解决方案。进行团队项目和合作活动，鼓励学生学会在团队中有效合作。这有助于培养协作和共同目标的意识，提高在群体中工作的能力。教导学生建立和维护健康的人际关系。包括主动社交、与他人建立联系、培养友谊等方面的技能，以增强社交网络和支持系统。强调分享和关怀的重要性。通过社交活动、志愿者服务等，培养学生的关爱他人的情感，从而促进积极的社交互动。提供规划和组织社交活动的机会，如班级聚会、团队建设活动等。这有助于培养学生的组织能力和社交活动策划能力。通过演讲、辩论、表演等方式，帮助学生提高自我表达的能力。这对于在社交场合中自信地表达自己的想法和意见非常重要。倡导友好和尊重的社交行为。通过讨论社交规范、进行角色扮演等方式，强调互相尊重和关心的重要性。在课程中创造社交情境，如模拟拓展活动、社交餐会等。让学生在实际的社交环境中锻炼和运用所学的社交技能。通过这些建议，学生将更有信心和能力积极参与社交活动，建立良好的人际关系，从而促进他们的心理健康和整体幸福感。

（四）培养心理弹性

培养心理弹性是心理健康教育中的一项重要目标，旨在帮助学生更好地适应生活中的压力和变化。通过案例、故事等方式，强调挑战和变化对个人成长的正面影响。解释挑战是人生中不可避免的一部分，可以促使个体发展出更强大的心理能力。帮助学生学会积极的问题解决方法，让他们能够面对问题时更有信心和应对能力。这包括分析问题、寻找解决方案、制订计划等方面的技能。教导学生培养积极的思维习惯，包括乐观看待问题、寻找好的一面、设定可行的目标等。这有助于调整对压力和挑战的态度。帮助学生认识到负面思维和认知失调，并提供认知行为技能，让他们能够转变负面思维、建立更积极的信念。教授学生各种应对压力和挑战的策略，包括放松技巧、冥想、运动等。这些策略有助于调节情绪，提高对压力的抵抗能力。强调适应性思维的重要性，即在面对新情境和挑战时灵活调整思维和行为。通过案例分析和角色扮演，培养适应性思维能力。鼓励学生建立支持系统，包括朋友、家人、老师等。有一个稳定的支持网络可以在面对挑战时提供情感上的支持和鼓励。创造具体的实践体验，如模拟挑战性情境、户外拓展活动等。通过实际操作，让学生在相对安全的环境中体验挑战，增强适应能力。鼓励学生对经历的困难和挫折进行反思，并将其视为学习和成长的机会。帮助他们认识到，从困境中走出来是一种更大的成功。通过这些建议，学生将能够培养出更强大的心理弹性，使他们在面对生活的压力和变化时更具有适应性和韧性。

（五）促进自我认知

促进自我认知是心理健康教育中至关重要的一环，旨在帮助学生更深入地了解自己，接受自己，建立积极的自我形象。引导学生进行自我反思，包括他们的价值观、兴趣、激励因素等。通过日记、写作、绘画等方式，让学生思考自己是谁，他们想要成为什么样的人。帮助学生识别自己的优点和挑战。通过讨论、小组活动等方式，让他们更清晰地了解自己的优势和成长点，并鼓励他们在成长的过程中接受自己。提供机会让学生探索自己的兴趣和激情。这可以通过课外活动、实践项目、职业导向活动等方式实现，帮助学生发现并培养个人激情。帮助学生设定个人发展目标。通过明确目标、分阶段设定计划，让学生更清晰地了解自己未来的方向和期望。强调每个人都是独特的，拥有不同的特点和价值。通过案例分析、名人故事等，让学生理解多样性，鼓励他们接受自己和他人的差异。鼓励学生接受自己的过去、现在和未来。教导他们宽容对待自己的缺点，理解成长是一个渐进的过程，而非一蹴而就的事情。提供各种机会让学生表达自己，包括演讲、写作、艺术创作等。通过这些方式，学生能够更好地表达内在的感受和思想，促进自我认知。利用合适的性格测试或评估工具，帮助学生更深入地了解自己的性格特点。这有助于他们在人际交往中更好地理解他人和自己。在学生取得进步或面对挑战时，提供积极的支持和鼓励。这有助于建立积极的自我形象，增强学生的自信心。通过这些方法，学生将能够更全面、积极地认知自己，建立自信心和积极的自我形象，为他们的心理健康奠定坚实的基础。

（六）提供心理健康资源

提供心理健康资源是为学生提供必要信息和支持，帮助他们更好地理解和管理自己的心理健康。向学生介绍学校或社区内的心理健康服务，包括心理咨询、心理健康诊所等。提供详细的信息，使学生了解在需要时可以寻求专业帮助。清晰地指导学生在面临心理健康问题时可以寻求帮助的途径，如学校心理健康中心、专业心理医生、热线服务等。强调寻求帮助的重要性。向学生介绍可靠的在线心理健康资源，包括网站、应用程序、文章等。这些资源可以提供关于心理健康问题、自助工具和支持社区的信息。定期举办心理健康工作坊，涵盖各种主题，如压力管理、情绪调节、冥想等。这有助于提供实用的工具和技能，增强学生的心理健康素养。在学校创设心理健康角，提供宣传资料、小册子、海报等，向学生传递关于心理健康的信息。让学生在校园中方便地获取相关资源。在课程中加入关于心理健康的内容，包括如何识别心理健康问题、应对压力、建立良好的情感管理等方面的知识。使学生在正规课堂中获取相关信息。邀请心理健康专业人士，如心理医生、心理治疗师等，给学生讲座或进行座谈。这有助于拓宽学生对心理健康问题的理解，并提供专业意见。向学生介绍一些自助工具，如心理健康应用、冥想指南、放松练习等。这些工具可以帮助学生主动参与心理健康管理。在学校内建立心理健康互助平台，学生可以在这里分享经验、提供支持，形成一个互助的社区。通过这些建议，学生将能够更全面地了解心理健康，并知道在需要时可以寻求适当的支持和资源。这有助于提高学生的心理健康意识，促进整体的心理健康。

（七）增强问题解决和决策能力

增强问题解决和决策能力是培养学生综合素养的关键目标。提供实际案例，让学生运用所学的知识和技能解决真实的问题。这可以通过小组讨论、项目作业等方式实现，培养学生实际应用能力。创造模拟决策情境，让学生在虚拟环境中体验面临不同选择的挑战。这有助于培养他们决策时的思考和分析能力。教导学生制定决策流程，包括问题定义、信息搜集、方案评估、决策实施等步骤。这有助于他们有条不紊地处理问题和做出决策。在问题解决和决策过程中强调团队合作。通过小组项目和合作活动，让学生学会与他人协同工作，分享意见和达成共识。鼓励学生发展批判性思维，能够分析信息、识别偏见、评估证据。这是有效问题解决和决策的基础。提供机会让学生实践决策技能，如组织投票、制订计划、管理资源等。通过实际操作，学生能够更好地理解决策的实际应用。引导学生在决策中考虑伦理和价值观的因素。讨论不同决策可能带来的影响，培养学生审慎权衡利弊的能力。介绍不同的决策模型，如理性决策、启发式决策等。让学生了解不同模型的优劣势，能够灵活运用于不同情境。在学生做出决策后提供反馈，帮助他们更好地理解决策的后果。这有助于学生从经验中学习，不断改进和完善决策能力。通过这些方法，学生将能够更独立、自信地面对生活中的问题，做出明智的决策，为未来的发展奠定坚实的基础。

（八）预防心理健康问题

预防心理健康问题是维护整体心理健康的重要环节。在课堂中提供全面的心理健康教育，包括心理健康知识、情感管理、压力应对等方面的信息。使学生具备预防心理健康问题的基本知识。促使学校建立健康的支持体系，包括心理健康服务、咨询中心、学生辅导员等。学生可以在这些机构找到支持和资源。强调平衡生活的重要性，包括充足的睡眠、健康的饮食、适度的锻炼等。帮助学生建立健康的生活方式，有助于预防心理健康问题的发生。教导学生积极应对压力的策略，包括时间管理、放松技巧、寻求支持等。这有助于预防压力对心理健康的负面影响。鼓励学生建立良好的社交关系。良好的社交连接可以提供情感支持，降低孤独感，有助于预防心理健康问题的发生。提供学业压力管理的建议，帮助学生制订合理的学习计划、分配任务，减轻学业压力，预防学业相关的心理健康问题。定期进行心理健康检查，通过问卷、面谈等方式了解学生的心理状态。早发现潜在问题，采取及时干预措施。强调自我关怀的重要性，包括培养自我意识、自我调节的能力。学生懂得照顾自己，更容易预防心理健康问题。设立心理健康支持小组，让学生有机会分享彼此的经验、感受和应对策略。建立互助网络，提高学生的心理韧性。强调寻求帮助的重要性，打破心理健康问题的社会观念，让学生知道寻求支持是积极行为。通过这些建议，学生将更全面地了解预防心理健康问题的方法，提高心理健康的保护因子，预防潜在的问题发生。

（九）强调团体合作与支持

强调团体合作与支持是培养学生社交技能和心理健康的重要手段。定期组织团队项目和活动，让学生在合作中培养团队精神。这可以包括小组作业、社区服务项目等，通过实际合作增强学生的协作能力。在课堂中引入小组讨论和合作学习，让学生共同探讨问题、分享观点。这有助于建立学生之间的互信和合作关系。定期举办团队建设活动，包括户外拓展、团队挑战等。这有助于增强学生之间的互动，培养相互支持和信任的氛围。鼓励学生在团队中培养同理心，理解和关心他人的感受。通过分享个人经历、互动讨论等方式，促进学生之间的情感连接。在团队中制定共同的目标，并共同努力实现。这有助于激发学生的合作热情，形成共同的价值观和使命感。建立学生支持平台，让学生能够分享彼此的困扰、经验和建议。这有助于形成一个相互支持的社群。在课堂中进行合作性的角色扮演，让学生扮演不同的角色，理解彼此的立场，培养合作和沟通的技能。建立团队反馈机制，让学生能够及时提供和接受反馈。这有助于学生在团队合作中不断改进和成长。鼓励学生分享团队合作中的成功故事，强调共同努力的价值和意义。这有助于激发其他学生的积极参与。设立导师制度，让学生能够在辅导老师或学长学姐的引导下，形成团队协作的文化和氛围。通过过这些建议，学生将更深刻地理解团队合作与支持的重要性，培养共情和合作的技能，提高在群体中的归属感，从而促进他们的心理健康和整体幸福感。这些目标共同致力于培养学生全面的心理健康素养，使他们在面对生活的各种挑战时更加坚韧、积极和适应。

二、心理健康教育课程实施

（一）需求评估

通过需求评估，你可以更好地了解学生的需求，有针对性地设计心理健康教育课程。设计一份全面而具体的调查问卷，涵盖学生可能面临的心理健康问题，包括压力、焦虑、抑郁等。同时，也可以询问他们对心理健康教育的期望和建议。组织小组讨论，邀请学生分享他们在大学生活中遇到的心理健康问题，以及他们认为需要哪些方面的支持。小组讨论可以促进学生之间的交流和合作。设计面谈和倾听工作坊，邀请学生参与，分享他们的个人心理健康经历。这种形式能够在更私密的环境中收集深层次的信息。为学生提供匿名反馈的途径，使他们更愿意坦诚地表达自己的需求和想法，尤其是一些可能感到难以启齿的问题。利用社交媒体平台或在线调查工具，以便更广泛地收集学生的观点。这种方式对于那些可能不容易参与面对面讨论的学生尤为重要。考虑到不同年级和专业学生可能面临不同的挑战，分层次进行评估可以更精准地了解各群体的需求。与学校的心理健康服务中心合作，借助他们的专业知识和经验进行评估。他们可能已经有相关的调查工具和经验，有助于提高评估的质量。学生的需求随着时间和环境的变化而变化，因此需要定期更新调查内容，以确保课程的持续有效性。通过采用综合性的方法，你可以收集到更全面、具体的数据，为设计一个贴近学生实际情况的心理健康教育课程提供有力支持。

（二）目标设定

目标的明确性是制订计划的关键。对于大学生心理健康课程，整体目标应该清晰地反映出满足学生需求的意图。从整体目标来看，打造全面的心理健康课程，旨在提升大学生的心理韧性、情绪管理能力和人际关系技能，以促进他们在大学生活中更好地适应压力、发展个人潜力。通过课程，学生将能够识别挑战并采取积极的、适应性的策略来应对压力和困难。使用心理评估工具，在课程开始和结束时测量学生的心理韧性水平的提升。学生将学到有效的情绪识别和调节技能，以更好地处理负面情绪和保持心理平衡。通过情绪日志记录学生在课程期间的情绪变化，并定期进行情绪智力测试以评估提升情商的程度。课程将强调沟通、合作和冲突解决技能，以建立健康、支持性的人际关系。通过同伴评估和小组项目的成功度来评估学生在人际关系方面的进步。帮助学生认识自己的优势和兴趣，鼓励他们追求个人目标和职业发展。通过个人发展计划和自我评估，评估学生对个人潜力的认识和发展。通过确保每个具体目标都是可衡量的，能够更容易地评估课程的效果并作出必要的调整。这样设计的课程将更有可能真正满足大学生的心理健康需求。

（三）教学方法

采用多元的教学方法是确保学生积极参与和深度理解课程内容的有效途径。通过讲座传递基础概念、理论知识，提供整体框架，使学生对课程主题有清晰的认识。促使学生在小组中分享观点、交流看法，鼓励合作学习，培养团队合作和沟通技能。通过实际案例，让学生将理论知识应用到真实场景中，培养解决问题和分析情境的能力。提供情境模拟，让学生亲身体验，加深对情境的理解，锻炼实际应用技能，特别在人际关系和职业规划方面更为有效。组织实地参观、互动体验活动，通过亲身经历培养学生的实际操作能力，加深对课程内容的印象。组织学生进行小组项目，培养团队协作和领导技能，同时促使他们深入研究课程主题。建立及时的反馈机制，包括同学间的互评、教师的评价，帮助学生了解自己的表现并持续改进。通过模拟真实生活中的情景，让学生在安全的环境中应对各种挑战，培养实际操作和解决问题的能力。利用技术手段，包括在线学习平台、多媒体教材等，增强教学的互动性和吸引力。这样多元的教学方法有助于满足不同学生的学习风格，激发他们的学习兴趣，提高课堂参与度，使教学更加生动和富有活力。

（四）资源整合

资源整合是促进心理健康的关键一环。校内的心理健康服务中心应当成为学生的主要去处。这个中心可以提供专业的心理咨询服务，确保学生在面临压力和挑战时能够得到及时的支持和指导。与此同时，学校还可以邀请专业心理咨询师定期来校园开展工作坊和讲座，向学生传授更多的心理健康知识和应对策略。这不仅有助于提高学生的心理素养，还能够减少心理健康问题的发生率。在数字化时代，在线资源也是不可或缺的一部分。学校可以建立一个在线平台，提供心理健康相关的信息、文章、视频和自助工具。这样，学生可以随时随地获取有关心理健康的支持和建议，有助于他们更好地理解自己的情绪状态，并学会有效地应对各种挑战。总体而言，资源整合的目的是打造一个全方位、多层次的心理健康支持体系，确保学生能够在不同层面上获得所需的帮助和关注。这样一来，校园将成为一个更加关爱和支持学生心理健康的温馨社区。

（五）专业人员培训

专业人员培训是确保学校心理健康教育取得实质成效的必要步骤。教师和辅导员需要深入了解心理健康领域的最新知识和研究成果。这包括了解常见的心理健康问题、应对策略及如何识别和支持患有心理健康问题的学生。培训还应该涵盖教学技能的提升，确保教师和辅导员能够有效传递心理健康教育内容。这可能包括如何设计生动有趣的教学活动、如何引导学生进行心理健康自我评估，以及如何在教学中引入实际案例和互动讨论。此外，培训还可以关注沟通和倾听技能的提升，因为这对于建立与学生之间的信任和理解至关重要。专业人员需要学会敏感地处理学生的问题，并提供支持和引导，而非简单地传递知识。通过定期的专业培训，学校可以建立一个高水平的心理健康教育团队，为学生提供更全面、专业的服务。这有助于培养学生的心理素养，提高他们应对生活中各种压力和挑战的能力。

（六）互动与参与

互动与参与是培养学生心理健康素养的重要手段。通过鼓励学生积极参与，学校可以创建一个更加活跃和支持性的学习环境。小组活动是促进学生互动的有效方式，通过协作解决问题，学生不仅能够分享彼此的经验，还能够从多元化的视角中获取更全面的心理健康知识。案例讨论是另一个有益的互动形式，通过讲解真实或虚构的案例，学生可以将理论知识与实际情境相结合，更好地理解心理健康概念，并培养分析和解决问题的能力。这也有助于提高学生对他人情感和需求的敏感度，促进同理心的发展。互动不仅仅局限于课堂内，学校还可以组织各类活动，如心理健康主题的座谈会、工作坊或社交活动，为学生提供更多交流的机会。这些活动旨在拉近学生与专业人员、同学之间的距离，打破沉默和孤立感，让学生感受到校园是一个支持和理解的社群。通过积极的互动和参与，学校可以培养学生更好地理解和管理自己的情绪，建立健康的人际关系，为未来的生活和职业奠定坚实的心理基础。

（七）评估和反馈

评估和反馈是心理健康教育的关键环节，通过不断地评估学生的学习情况并及时提供反馈，可以有效提升教学质量。定期的测验可以帮助评估学生对心理健康知识的掌握程度。这种形式的评估有助于发现学生的薄弱环节，并及时采取针对性的教学措施。项目作业则能够考查学生对心理健康理论的理解，并培养他们在实际情境中应用所学知识的能力。这种实践性的评估有助于将理论知识转化为实际技能，提高学生的综合素养。课程反馈是一种直接的学生参与形式，通过收集学生的意见和建议，学校可以了解到学生对课程的感受和期望。这有助于及时调整教学内容和方法，使课程更符合学生的需求和实际情境。评估结果不仅用于指导学生个体学习，也应该用于指导整个课程的调整和改进。学校可以根据评估结果，更新教材、改进教学方法，确保心理健康教育的有效性和实用性。通过建立完善的评估和反馈机制，学校可以不断提高心理健康教育的质量，确保学生在学习过程中真正受益并能够将所学知识应用于实际生活。

（八）跨学科合作

跨学科合作是推动心理健康教育发展的关键策略之一。与心理学专业合作可以为心理健康教育提供更深入的理论支持。心理学专业的专家可以分享最新的研究成果，帮助教师和辅导员更好地理解心理健康领域的发展趋势，从而更有效地传递知识给学生。教育学专业的合作有助于优化教学方法和策略。教育学家可以提供关于学习理论、教学设计和评估的专业见解，帮助教育者更好地理解学生的学习需求，设计更符合心理健康教育目标的教学方案。医学专业的合作可以为心理健康教育增添实践性的元素。通过与医学专业合作，学校可以引入生理学、药理学等方面的知识，帮助学生更全面地理解身心健康的关联，同时提供更全面的心理健康支持。跨学科的合作有助于打破学科的壁垒，为学生提供更全面、多维度的心理健康教育。学校可以通过开设跨学科的课程、组织专业的研讨会和工作坊，促进教师、研究者和从业人员之间的交流与合作，共同推动心理健康领域的发展。这种合作不仅提高了课程的专业性和综合性，也为学生提供了更广阔的学科视角，帮助他们更好地理解和应对复杂的心理健康挑战。

（九）持续支持

持续支持是确保学生心理健康的重要环节。定期的心理健康讲座可以为学生提供新知识和实用技能，同时增强他们对心理健康的认知。这种形式的支持可以以小组形式进行，以增加互动和参与度，使学生更容易理解和应用所学内容。咨询服务是提供个性化支持的重要手段。学校可以设立心理健康咨询服务，为学生提供面对面或在线的咨询机会。这种个性化的服务有助于学生更深入地探讨和解决个人的心理健康问题，提供具体的建议和支持。在线资源是满足学生实际需求的便捷途径。学校可以建立一个丰富的在线平台，提供心理健康相关的文章、视频、自助工具等资源，方便学生随时随地获取帮助和信息。除了这些主动提供的服务外，学校还可以建立紧急支持体系，确保在学生面临紧急心理健康问题时能够及时得到支援。这可以包括建立紧急热线、合作医疗机构提供紧急服务等。通过持续的心理健康支持，学校可以建立一个关爱和包容的校园氛围，让学生感受到他们在面对挑战和困难时不是孤独的。这有助于提高学生的心理抗压能力，促进他们更健康、积极地成长。

三、心理健康教育课程评价

（一）认知层面评价

在认知层面的评价中，着重关注学生对心理健康概念的理解程度，特别是他们在情绪认知和情绪管理方面的掌握情况。首先，通过知识测试，可以设计一系列与心理健康相关的选择题和填空题。这些问题可以涵盖情绪的定义、不同类型的情绪及常见的情绪管理策略。通过分析学生的答案，能够评估他们对心理健康概念的掌握情况。其次，情境分析是一种有效的评价方式。通过提供真实或虚构的情境案例，要求学生识别并分析其中涉及的情绪，并提出相应的情绪管理策略。这种形式的评价不仅考查了学生的理论知识，还测试了他们将这些知识应用到实际情境的能力。小组讨论也是一种促进认知层面评价的方法。通过组织小组讨论，学生有机会分享彼此对心理健康概念的理解，从而促使他们深入思考和完善自己的认知。最后，通过反馈和问卷调查，可以直接获取学生对课程内容的看法。这种形式的评价不仅能够了解学生的整体感受，还可以收集到一些可能在其他评价方法中遗漏的信息，为进一步改进课程提供指导。综合这些评价方法，可以全面了解学生在认知层面上的学习状况，为调整教学内容和方法提供有针对性的建议，确保学生对心理健康概念有清晰、准确的理解。

（二）技能层面评价

在技能层面的评价旨在了解学生是否能够将心理健康理论和概念转化为实际应用的能力。设计情境，要求学生进行角色扮演，模拟实际生活中的心理健康挑战。例如，让学生扮演面对考试压力或人际冲突的情境，并观察他们在角色扮演中所展现的情绪调节和问题解决的技能。提供真实或虚构的案例，要求学生分析其中涉及的心理健康技能。学生可以提出具体的解决方案，并解释他们选择这些方案的理由。这有助于评估学生在实际情境中应用技能的水平。设计实践性的项目，要求学生在现实生活中应用所学的心理健康技能。这可能包括制订个人的情绪管理计划、参与团队合作解决问题等。通过项目作业，可以评估学生将理论知识转化为实际行动的能力。观察学生在日常生活中的行为和互动，提供及时的反馈。这可以通过教师、同学或自我观察完成。观察学生在不同情境中的表现，特别关注其情绪调节、决策能力等方面的表现。通过这些评价方法，可以更全面地了解学生在技能层面的发展状况，判断他们是否能够在实际情境中成功应用心理健康技能。这种评价有助于确保学生不仅仅理解理论知识，还能够在实践中培养和运用实际技能。

（三）态度和价值观评价

在评价学生的态度和价值观层面，关注的是他们对心理健康的看法及是否发生了积极的变化。要求学生定期撰写反思日志，记录他们在课程学习中对心理健康的感悟、理解和变化。通过阅读这些日志，可以了解学生是否对心理健康产生了更深刻的认识，以及他们的态度是否更加积极向上。在小组环境中组织讨论，让学生分享他们的心理健康观念和体验。这有助于建立开放的交流氛围，让学生更自由地表达他们的态度和价值观。观察学生在课堂、小组活动或讨论中的参与度。积极参与可能反映出学生对心理健康话题的兴趣和重视程度。此外，也可以观察他们对同学的支持和理解程度。设计问卷调查，探讨学生对于心理健康的态度和价值观的变化。特别关注是否有更多学生愿意主动寻求心理健康支持，以及他们是否更加尊重他人的心理健康。通过这些方法，可以全面了解学生在心理健康态度和价值观方面的发展。评价结果可以为课程的调整和改进提供参考，确保学生在课程学习中不仅仅获取了知识和技能，还发生了积极的心态和价值观的变化。

（四）社会关系评价

在社会关系评价中，着眼于了解学生与他人的关系是否发生改善，包括同学、家庭成员和其他社交圈。通过同学之间的评价，了解学生在同伴关系中的表现。同学可以提供关于学生与他人互动、合作、支持的观察和看法，从而评估学生是否更好地理解和尊重他人的情感和需要。通过与家庭成员的交流或家庭反馈问卷，了解学生在家庭关系中的变化。这包括学生是否更加沟通、理解家庭成员的情感，以及是否能够在家庭中运用所学的心理健康知识。如果有团队项目，观察学生在团队中的角色和互动。这有助于评估他们在协作和社交方面的表现，以及是否能够运用心理健康知识来促进团队合作。设计社交技能的演练活动，观察学生在模拟社交场景中的表现。这可以包括面对面的对话、解决冲突的场景等，以评估他们的社交技能和人际关系能力。通过这些方法，可以综合评估学生在社会关系方面的发展。评价结果有助于了解学生是否在课程学习中培养了更健康、积极的社交技能，是否在社会关系中更好地理解和尊重他人。这也为教学提供了调整的参考，以更好地促进学生全面的心理健康发展。

（五）学业成绩评价

学业成绩评价有助于了解学生在心理健康教育课程中所取得的学术进展，以及这门课程对他们在其他学科中是否产生了积极的影响。首先，通过考查学生在心理健康教育课程中的成绩，可以直观地了解他们在这门课程中的学业表现。这可以通过测验、作业、参与度等多个方面进行评估。调查学生是否认为心理健康教育课程对他们在其他学科中产生了积极的影响。这可以通过定期的问卷调查或小组讨论来了解学生的看法，探讨他们是否能够将在心理健康课程中学到的知识和技能运用到其他学科中。分析学生在心理健康教育课程后的综合学业进步。这可以通过比较学生在课程之前和之后的整体学业表现，例如 GPA、考试成绩等。了解学生在学术方面的自信度是否有所提高。通过观察学生在心理健康教育课程中的参与和表现，以及听取他们的自我评价，可以评估学生对学业的信心水平。这些评价方法不仅有助于了解学生在学业成绩方面的具体表现，还有助于判断心理健康教育课程是否对学生的综合学业发展产生了积极的影响。这种评价有助于更全面地理解课程的影响，为未来的教学提供经验教训。

（六）教学方法评价

在教学方法评价中，希望了解教学方法的有效性，包括课堂互动、案例研究、实践活动等是否对学生产生积极影响。收集学生的直接反馈，通过问卷调查或小组讨论了解他们对不同教学方法的看法。学生可以分享他们认为最有效和最受欢迎的教学方法，以及提出可能需要改进的建议。观察和记录不同教学方法在课堂中的实际效果。通过观察学生的参与度、专注度及对不同教学方法的反应，可以初步评估这些方法在激发学生兴趣和理解方面的效果。分析学生在课程中不同教学方法下的学业表现。通过比较学生在使用不同教学方法时的成绩和学术进步，可以初步判断这些方法对学业表现的影响。进行深度访谈，与学生个别交流，探讨他们对于特定教学方法的深层次认知。这有助于了解学生对教学方法的实际体验，以及他们认为哪些方法更有助于学习。通过这些评价方法，可以深入了解学生对教学方法的看法，评估这些方法是否能够激发学生的兴趣、提高学业表现，并为未来的教学提供有针对性的改进建议。这样的评价有助于教师更好地调整教学策略，提升教学质量。

（七）课程资源评价

在课程资源评价中，关注课程所提供的教材、多媒体资源等是否充足且质量良好，以及学生对这些资源的利用情况和满意度。评估所使用的教材是否符合课程目标，内容是否全面、准确。学生的反馈可以通过问卷调查或小组讨论进行收集，了解他们对教材的理解和利用程度。分析多媒体资源的使用情况，包括幻灯片、视频、在线模拟等。通过观察学生在课堂中对这些资源的反应及他们在学习中是否积极使用，可以初步评估这些资源的实际效果。设计问卷调查，了解学生对课程资源的满意度。学生可以提供关于资源的易用性、实用性和质量等方面的反馈，从而帮助评估资源的整体质量。调查学生对于现有资源的需求和改进建议。通过收集学生的意见，可以及时调整和更新课程资源，以更好地满足学生的学习需求。通过这些评价方法，可以全面了解课程资源的使用情况和学生的满意度，为教师提供改进课程资源的方向。这种评价有助于确保课程资源的充实和高质量，提升学生在学习中的体验。

（八）教师表现评价

在教师表现评价中，希望了解教师对心理健康教育的投入程度，以及学生对教师的教学风格和支持度的感受。收集学生对教师表现的直接反馈。这可以通过匿名问卷、小组讨论或在线平台上的评价系统进行。学生可以提供关于教师投入程度、教学方法和对学生的支持度的评价。观察教师在课堂上的实际教学过程。这包括教学方法的运用、课堂互动情况、与学生的沟通等。通过观察，可以初步评估教师在教学中的表现。分析学生在课程中的学业表现，了解教师的教学是否对学生产生了积极的影响。学生成绩、参与度及课后反馈等都可以作为评估的指标。进行深度访谈，与学生和教师个别交流。通过听取学生和教师的意见，了解教师在心理健康教育中的角色和影响。通过这些评价方法，可以全面了解教师在心理健康教育中的表现，以及学生对教师的感受。这种评价有助于为教师提供有针对性的反馈和改进建议，从而不断提升心理健康教育的教学质量。

第四节　心理健康教育课程的缘起、现状与趋势

一、心理健康教育课程的缘起

心理健康教育的缘起可以追溯到社会对个体心理健康重要性认识的提高。随着社会的不断发展和变迁，人们面临的生活压力逐渐增加，工作、学业、家庭等方面的压力交织在一起，使得心理健康问题日益普遍化。在这样的背景下，对心理健康的关注成为社会关注的焦点。社会的加速发展带来的生活节奏加快，人们面临着更多的选择和挑战，但同时也更容易陷入焦虑、压力和心理疾病的困扰。心理健康问题的普遍存在引起了人们对心理健康的关切，因为良好的心理健康是个体全面发展的基础。学校作为培养未来社会成员的重要机构，逐渐认识到学生心理健康的关键性。学生在成长过程中面临着学业压力、人际关系、身份认同等多方面的挑战，而这些挑战对心理健康产生着深远的影响。因此，心理健康教育的缘起主要在于解决学生心理健康问题，提高他们的心理抗压能力，从而促进他们更好地实现全面发展。综合而言，心理健康教育的缘起是对社会心理健康问题的认知和对个体全面发展需求的关注的反映。通过心理健康教育，社会和学校共同努力提升个体的心理素质，使其更好地适应现代社会

的挑战，迈向更加健康、积极的人生。

二、心理健康教育课程的现状

（一）内容单一

课程内容过于强调心理学的理论知识，包括心理疾病的分类、心理学理论等。这可能导致学生只是被动地接受理论知识，而缺乏实际操作和应用的机会。缺乏真实的案例分析和实际问题解决的情境。学生难以将理论知识与实际情境相结合，应对真实生活中的心理健康挑战。课程可能忽略了对学生实际心理健康技能的培养，如情绪管理、应对压力、解决问题的能力等。学生在实际生活中可能面临各种情境，需要具备实际的应对技能。缺乏课堂互动、小组讨论等方式，学生之间的交流和互动有限。这可能导致学生对课程的兴趣降低，难以深刻理解和应用所学内容。课程中可能没有足够的实践活动，如角色扮演、实地参访等，缺乏对学生实际参与和实践的机会。

（二）社会认知度不足

由于社会对心理健康问题认知不足，可能缺乏足够的社会支持和资源投入，导致心理健康教育项目难以得到必要的支持。社会对心理健康问题的认知不足可能导致对这些问题的误解和刻板印象。这使得推动心理健康教育变得更加困难，因为存在负面的社会观念和偏见。社会对心理健康的认知度低可能导致心理健康教育课程难以融入学校和社区的正式议程，从而影响到课程的持续和稳定实施。由于社会对心理健康认知度的不足，相关的宣传和宣传活动可能较少，使得社区大众对心理健康问题缺乏关注。社会对心理健康问题的不足了解可能导致心理健康服务的局限性，包括心理医生和咨询师的数量不足，服务质量有待提高。

（三）教师培训不足

一些教师可能缺乏足够的心理健康领域的专业知识，无法深入理解心理健康问题的复杂性和多样性。缺乏专业培训可能导致教师在心理健康教育方面的教学技能不足，无法灵活运用多种教学方法和工具。由于缺乏相关培训，一些教师可能对处理学生心理健康问题的能力感到不适应，难以应对学生可能面临的挑战。有些教师可能对心理健康教育的重要性和方法缺乏清晰的认识，导致他们在课堂上未能有效传递相关知识。缺乏培训可能使教师在面对学生心理健康问题时感到无措，不知道如何适当地引导、支持或引荐学生获得帮助。

（四）社会文化差异

一些课程可能缺乏足够的文化敏感性，未能充分考虑学生来自不同文化背景的特点和需求。一些教材可能过于偏向某一特定文化，未能提供多元文化的视角，使得学生难以在其中找到自己的文化认同。语言差异可能导致一些学生对教材和教学内容的理解存在困难，影响他们对心理健康知识的消化和应用。学生的家庭背景和文化价值观可能与课程中传授的心理健康观念存在冲突，使得学生难以接受或理解教育内容。不同文化背景的学生可能面临不同的社会压力，导致他们对心理健康问题的认知和应对方式存在差异。

（五）缺乏评估体系

一些心理健康教育课程可能没有明确的评估指标和标准，难以衡量学生在课程中的学习成果和心理健康水平的变化。课程可能没有建立定期的评估机制，导致无法进行系统性、连续性的评估。这使得教育者难以了解课程的长期效果和学生的发展情况。缺乏评估体系可能导致学生参与度的评估不足，无法确定学生对心理健康教育的实际参与和受益程度。缺乏评估体系可能使得对课程效果的评估变得模糊和困难，无法确定学生在心理健康方面的实际改善情况。缺乏评估体系可能导致教育者无法根据实际效果调整教学策略，使得课程难以不断改进和适应学生的需求。

（六）缺乏长期跟踪

一些心理健康教育课程可能主要关注短期效果，忽略了学生在长期内的发展和变化。课程可能没有建立有效的学生追踪机制，无法在学生离开课程后对其长期发展进行系统跟踪。缺乏长期跟踪可能导致教育者无法充分了解课程在时间推移中的效果，使得课程的持续改进变得困难。缺乏长期跟踪使得评估课程对学生心理健康的持久影响变得困难，无法确定课程是否对学生的长期发展产生积极作用。

三、心理健康教育课程的趋势

未来，心理健康教育课程将面临更多的挑战和机遇。一方面，社会心理健康问题的不断涌现将推动心理健康教育更深入地融入学校教育体系。另一方面，数字化技术的发展将为心理健康教育提供更多创新手段，例如在线教育、心理健康应用等，使得教育更加个性化和便捷。

（一）更深入融入学校教育体系

这一趋势意味着学校将对心理健康教育进行更系统和全面的整合，使其不再仅仅是一个独立的课程，而是学校教育的重要组成部分。学校可能会将心理健康教育正式纳入学校的课程框架中，确保每个学生都能够接受系统的心理健康培训。学校可能设立专门的心理健康教育机构或部门，负责规划、实施和监督心理健康教育计划，提供专业支持。学校将会投入更多资源培养和聘用专业的心理健康教育师资，确保教育者具备足够的专业知识和教学技能。学校可能会制定全校性的心理健康政策，包括制定相关规章制度、营造良好的心理健康氛围等。学校将提供更全面的心理健康支持，包括心理咨询服务、心理健康活动、社交支持等，以满足学生的不同需求。学校可能鼓励家长参与心理健康教育，通过家校合作，共同关注学生的心理健康问题，形成良好的支持体系。通过更深入融入学校教育体系，心理健康教育将更好地与学生的全面发展相结合，为其提供更系统和全面的心理健康支持。这也有助于提高社会对心理健康重要性的认知，使心理健康成为学校教育的核心内容之一。

（二）数字化技术的广泛应用

数字化技术的广泛应用将为未来的心理健康教育带来许多创新和便捷之处。学校可能会采用在线教育平台，提供心理健康课程和资源。学生可以随时随地通过互联网获取相关知识，灵活安排学习时间。开发心理健康应用程序，为学生提供自助工具、心理健康测评、冥想指导等功能。这些应用可以根据个体需求提供定制化的支持和建议。利用虚拟现实技术创建身临其境的心理健康体验，帮助学生更好地理解和应对各种情境，提高实际应用能力。数字化技术可以根据学生的学习风格、进度和兴趣，提供个性化的学习路径，确保每个学生都能够得到最有效的心理健康教育。利用视频会议和在线聊天等工具，提供远程心理咨询服务，使学生能够更便捷地获取专业的心理健康支持。利用数字化技术对学生的学习情况和心理健康状况进行数据分析，为教育者提供更深入的了解，帮助调整教学策略。这些数字化技术的应用不仅能够提供更为便捷和个性化的学习体验，还有助于拓展心理健康教育的边界，使其更具创新性和实用性。同时，这也为学生提供了更灵活的途径来关注和管理自己的心理健康。

（三）全人培养的更多元化内容

全人培养的更多元化内容将使心理健康教育更加综合和实用。引入心理健身的概念，培养学生良好的心理健康习惯，包括情绪调节、压力管理、良好的睡眠和饮食习惯等。注重培养学生的自我领导力，包括目标设定、时间管理、决策能力等，使其更好地应对生活中的挑战。强调人际关系技能的培养，包括沟通、合作、解决冲突等，帮助学生建立健康的社交网络。教授实用的生活技能，如财务管理、情绪管理、职业规划等，使学生在各个方面都能够更加独立和成熟。引导学生追求身心平衡，关注身体健康、锻炼和休闲活动，以提高整体生活质量。探讨个体的价值观和人生意义，帮助学生建立积极的人生目标和对生活的深刻理解。通过注重这些更多元化的内容，心理健康教育将超越狭隘的问题解决范畴，更关注学生的整体成长。这样的培养将使学生在面对各种生活挑战时更具韧性和全面素质。

（四）跨学科合作的强化

跨学科合作的强化将为未来的心理健康教育带来丰富的专业知识和实践经验。与心理学专业合作，将心理学的理论和方法融入心理健康教育，以更深刻地理解学生的心理过程和行为。强化与医学专业的合作，加入医学领域的心理健康知识，特别是与生理健康和心理健康的相互关系有关的内容。与教育学领域合作，共同研究和实践最有效的心理健康教育方法，培养出色的心理健康教育者。与社会工作专业密切合作，以更好地理解社会因素对心理健康的影响，并提供更全面的社会支持。结合神经科学的研究成果，更深入地了解大脑与心理健康之间的关系，为个性化的心理健康支持提供更科学的依据。与药学和心理药理学领域合作，了解药物对心理健康的影响，以更好地处理心理健康问题。通过这些跨学科的合作，心理健康教育将更全面地考虑学生的身体和心理整体健康，为学生提供更为综合和多层次的支持。这种整合有助于形成更为科学和实用的心理健康教育体系。

总的来说，未来的心理健康教育课程将在不断适应社会需求和教育创新的发展中发挥着重要作用。通过更深入地融入学校教育、数字化技术的应用、更多元化的全人培养内容及跨学科合作的强化，心理健康教育将为学生提供更为综合和个性化的支持，帮助他们更好地理解、应对和促进自己的心理健康。

第二章

心理健康教育课程的理论基础

第一节　心理健康教育课程的课程论基础

一、现代课程理论的主要流派

在现代心理健康教育领域，存在多个主要流派和理论取向，反映了对心理健康问题处理和干预的不同观点。以下是一些主要的心理健康教育理论流派。

（一）预防流派

预防心理健康教育是一种强调通过提前介入和干预，预防心理健康问题的发生的理论流派。预防心理健康教育注重在问题出现之前采取措施。通过早期介入，教育者和专业人士致力于在潜在问题变得显著之前，通过教育和培训等手段干预。该流派关注促进个体的健康行为，包括积极的心理健康实践、健康的生活方式和应对压力的有效方法。通过增强健康行为，预防性地提高心理健康水平。预防心理健康教育强调通过教育和培训来提高个体对心理健康的认知水平。这可能包括心理健康教育课程、工作坊、培训材料等。通过建立支持系统，包括家庭、社交网络和学校等，预防流派致力于创造一个支持健康心理发展的环境。社会支持和互助被认为对心理健康的预防具有重要作用。预防心理健康教育不仅关注问题的预防，还注重积极的心理健康促进。这包括提高幸福感、建立积极情绪、培养乐观态度等方面的干预。教育个体有效的应对策略，使其更好地处理生活中的挑战和压力。这有助于提高应对困境的能力，减少负面情绪的发生。预防心理健康教育的目标是通过提前干预和促进健康行为，预防潜在的心理健康问题的发生，从而建立更加健康、积极的心理状态。这一流派在心理健康领域的实践中具有重要的意义，尤其是在学校、社区和家庭等环境中。

（二）力促流派

力促心理健康教育是一种强调培养个体心理韧性和适应能力的理论流派。力促心理健康教育注重培养个体的心理韧性，即在面对压力、挑战和逆境时保持积极、适应和应对能力。强调通过培养心理韧性来提高应对生活困境的能力。该流派关注帮助个体发展积极的心理素养，包括积极情绪、乐观态度、自我效能感等。通过培养这些素养，个体更有可能应对生活中的负面情境。力促心理健康教育强调教育个体采用积极的适应性策略来处理生活中的问题。这可能包括问题解决、寻求支持、积极思考等方法。该流派致力于发展个体的潜能和自我认知，使其更清楚地了解自己的优势和挑战。这有助于建立更为坚实的自我认同和自尊。通过心理健康教育，力促流派努力提高个体对心理健康的认知水平。这包括提供关于心理韧性、积极心理素养的知识，以及实践中应用这些概念的技能。个体通过自我反思和不断的心理成长来提高心理适应能力。这可能包括反思个人经历、学习从挫折中成长等方面的能力。力促心理健康教育旨在帮助个体更好地适应生活中的压力和挑战，以及在面对困境时保持积极的心态。通过强调个体的力量和适应性，这一流派有助于培养更为健康和积极的心理状态。

（三）心理治疗流派

心理治疗流派是一种强调通过心理治疗和咨询等方式来处理心理健康问题的理论流派。心理治疗流派关注个体的心理过程，包括认知、情感、意识和潜意识等方面。通过深入了解个体的内在体验，寻找问题的根源和解决途径。强调处理个体的情感体验，包括情绪、焦虑、抑郁等。心理治疗的目标之一是帮助个体更好地理解和处理情感，以促进心理健康。心理治疗流派注重解决个体潜在的心理健康问题，如心理疾病、创伤后应激障碍等。治疗过程中通常包括诊断、评估和制订个性化的治疗计划。心理治疗强调建立良好的治疗关系。治疗师与个体之间的信任和理解关系被认为是治疗成功的关键。心理治疗流派包括多种治疗方法，如认知行为疗法、精神分析、人本主义治疗等。选择治疗方法通常取决于个体的问题和治疗师的专业背景。心理治疗流派鼓励个体进行自我探索，深入了解自己的信仰、价值观和生活目标。通过这种自我探索，个体有望实现更为全面的心理发展。心理治疗流派在个体心理健康问题的解决中发挥着重要作用。通过专业的治疗过程，个体可以更深刻地理解自己，并获得处理心理问题的有效工具和策略。

（四）社会心理学流派

社会心理学流派是一种强调社会和群体层面因素的理论流派，特别关注社会支持、群体互动和社会环境对心理健康的影响。社会心理学流派认为社会支持对于个体心理健康至关重要。良好的社会支持系统可以提供情感支持、实质性支持和信息支持，有助于缓解压力和促进心理健康。强调个体与群体的互动和归属感对心理健康的积极影响。参与社会群体、建立社交网络有助于满足个体的社会需求，减轻孤独感和抑郁感。社会心理学流派关注社会认同和个体自我概念的形成。社会认同的稳固和积极的自我概念对心理健康具有保护作用。研究群体压力对个体心理健康的影响，以及个体如何适应群体压力。这包括对社会变革、群体期望和社会压力的适应能力。社会心理学流派考虑社会环境对个体的影响，包括社会不平等、社会支持的可及性和社会资源的分配。这些因素与个体的心理健康水平密切相关。社会心理学流派关注集体行为和社会影响。了解个体如何被社会影响及如何在社会中塑造自己的行为对心理健康教育具有重要意义。社会心理学流派的观点强调了社会因素在塑造个体心理健康中的作用，为心理健康教育提供了从群体层面思考的视角。通过建立良好的社会关系、提高社会认同感和处理群体压力，个体有望实现更为健康的心理状态。

（五）自我管理流派

自我管理流派是一种认为个体能够通过学习和运用自我管理技能来改善心理健康的理论流派。自我管理流派注重培养个体的自我管理技能，包括情绪调节、时间管理、目标设定、问题解决等。这些技能使个体能够更有效地处理生活中的各种挑战。强调个体学习并运用情绪调节技能，以更好地处理负面情绪、压力和焦虑。这可能包括认识自己的情绪、采取积极的情绪调节策略等。自我管理流派关注帮助个体学会有效地应对生活中的压力。这可能涉及设定合理的期望、制订有效的解决问题的计划等。通过学习设定明确的目标，并进行自我监控，个体可以更好地管理自己的行为和情感。自我管理流派强调制定可实现的目标，并通过监控进度来激发积极行为。个体通过反思自己的行为和决策，从中学习并不断改进。自我管理流派强调个体在自我发展过程中的主动参与和学习。自我管理流派关注提高个体的自我效能感，即相信自己有能力应对生活中的各种挑战。强调通过成功经验和自我反馈来提高自我效能感。自我管理流派的观点强调了个体在自我塑造和心理健康改善中的积极主动作用。通过学习和运用自我管理技能，个体可以更好地适应生活的各种情境，提高心理健康水平。

（六）心理教育流派

心理教育流派是一种强调通过教育手段传递心理健康知识，提高个体的心理健康素养的理论流派。心理教育流派注重向个体传递有关心理健康的知识。这可能包括对心理健康概念、情绪管理、人际关系等方面的教育。强调通过设立专门的心理健康教育课程，使个体在学校或其他教育机构中获得系统的心理健康培训。这些课程旨在提高个体的心理健康水平和应对能力。心理教育流派可能通过举办工作坊、培训课程等形式，向个体传授实用的心理健康技能。这可以是情绪调节、压力管理、冲突解决等方面的技能。心理教育流派致力于提高个体的心理健康素养，包括情感智力、人际沟通能力、问题解决能力等。通过培养这些素养，个体更能适应复杂的生活环境。心理教育流派努力在个体中树立积极的心理健康观念，使他们能够正面看待自己的心理状态，理解心理健康同样重要于身体健康。心理教育流派鼓励个体参与和主动学习。通过主动参与心理健康教育活动，个体更有可能将所学知识应用到实际生活中。心理教育流派的目标是通过系统的教育手段提高个体的心理健康水平，使他们更具心理弹性和适应性。通过向个体传递实用的心理健康知识和技能，心理教育流派有助于提升整体社会的心理健康水平。

（七）整合性流派

整合性流派是一种倾向于整合多种方法和观点，以提供更全面心理健康支持的心理健康教育理论。整合性流派致力于将来自不同流派的方法和观点整合在一起，以满足个体多样化的心理健康需求。这可能包括预防、治疗、社会支持等多个方面。整合性流派强调个体化的心理健康支持，根据个体的特定情境和需求提供定制化的服务。这有助于更好地满足每个人的独特需求。整合性流派关注全人培养，旨在促进个体在生理、心理、社交、情感等多个方面的全面发展。这包括强调身体健康、社会关系、情绪管理等方面。整合性流派倡导跨学科合作，将心理学、医学、社会工作等多个领域的专业知识整合在一起。这有助于提供更全面、专业的心理健康支持。整合性流派认为心理健康是一个终身学习的过程，鼓励个体在不同阶段不断学习和适应。这包括学习新的应对策略、适应生活变化等。整合性流派强调社会参与和支持的重要性。积极参与社会活动、建立社会关系对于心理健康的提升具有积极影响。整合性流派的特点使其能够更全面地考虑个体的多层面需求，提供更全面的心理健康支持。通过整合不同方法和观点，这一流派旨在更好地适应不同个体的背景和需求。

这些流派在实践中可能相互交织，教育者和专业人士通常会根据具体情况采用不同的理论和方法。心理健康教育理论的发展与时俱进，不断受到新的研究和实践的影响。

二、现代课程理论的主要特点

现代心理教育课程理论具有一些显著的特点，这些特点反映了对学生全面发展和心理健康的深刻理解。

（一）综合性和全面性

综合性和全面性是现代心理教育课程理论的一项重要特点。这一理论特点表现在课程设计和教学实践中，着力培养学生在不同方面的全面素养。课程注重培养学生的认知能力，包括对心理健康概念的理解、问题解决能力、批判性思维等。学生被鼓励思考自己的思维方式，提高对心理健康问题的认知水平。现代心理教育课程强调培养学生的情感智力和情感管理能力。学生学会认识并理解自己的情绪，学会有效地调节情感，提高情商，从而更好地应对生活中的情感挑战。课程关注培养学生的社交技能和人际关系管理能力。学生通过参与小组活动、团队合作等方式，提高与他人合作的能力，加强与同学、老师和社会的积极互动。现代心理教育注重培养学生的实际应用能力，包括情绪调节、压力管理、决策能力等实践技能。学生不仅学会理论知识，还能将这些知识应用到实际生活中。课程理论强调全人培养，关注学生在生理、心理、社交等多个方面的全面发展。这包括对身体健康、心理素养、社会适应力等方面的关照。综合性和全面性的理念使得心理教育课程更加贴近学生的实际需求，有助于培养学生成为全面发展的个体，更好地适应和面对复杂多变的社会环境。

（二）个性化和差异化

个性化和差异化是现代心理教育课程理论的重要特点，这反映了对学生多样性的认知和对个体差异的尊重。现代心理教育课程致力于为每个学生提供定制化的支持。这意味着课程设计考虑到了学生在心理健康方面的独特需求和背景，通过差异化的教学方法，确保每个学生都能够获得最适合他们的支持。课程理论强调个体差异的重要性，包括学生的学习风格、情感需求、社交能力等方面。教育者被鼓励尊重每个学生的个性，以更好地理解和满足他们的独特学习需求。现代理论倡导采用灵活的教学策略，以适应不同学生的学习风格和水平。这可能包括不同层次的教学资源、个性化的学习计划，以及针对个体差异的支持措施。学生被鼓励参与制定个人发展规划，明确自己的学习目标、兴趣和发展方向。这有助于确保学习过程符合每个学生的个人目标和愿望。课程理论强调定期的反馈机制，教育者和学生之间建立良好的沟通渠道。通过及时的反馈，可以调整教学策略和支持方法，以更好地适应学生的个体差异。个性化和差异化的教学方法有助于创造一个更包容的学习环境，使每个学生都感到受到重视和支持。这种教学理念能够更好地满足学生的个体需求，促进他们在心理健康领域的全面发展。

（三）实践导向和应用性

实践导向和应用性是现代心理教育课程理论的显著特点，它强调培养学生在实际生活中运用心理健康知识和技能的能力。现代心理教育课程设计注重实际应用，课程内容通常与学生在日常生活中遇到的实际问题相关。通过案例分析、实际情境模拟等教学方法，学生能够将所学的理论知识直接应用于实际情境。课程理论鼓励学生通过课堂所学，解决实际生活中的心理健康问题。这可能涉及情感管理、人际关系、压力应对等方面的实际问题，学生在课程中培养解决问题的能力。课程强调培养学生实际应用心理健康技能，如情绪调节、压力管理、决策能力等。学生通过实际练习和模拟活动，提高在现实生活中应用这些技能的能力。现代理论鼓励学生参与实地实习和实践经验，将理论知识与实际工作相结合。这有助于学生在真实环境中应用所学的心理健康知识，同时获得实践经验。课程通常包括案例分析和讨论，通过真实案例让学生思考如何应对复杂的心理健康问题。这种实际案例的讨论有助于学生更深入地理解并应用课堂知识。实践导向和应用性的教学方法有助于确保学生不仅仅是理论上了解心理健康概念，更能够在实际生活中运用这些概念，提高解决实际问题的能力。这使得学生更好地准备面对各种心理健康挑战。

（四）跨学科合作

跨学科合作是现代心理教育课程理论的一项重要特点，它通过整合不同领域的知识和专业，旨在提供更全面、专业的心理健康支持。现代心理教育课程理论强调将来自心理学、医学、社会工作等多个学科领域的知识整合在一起。这意味着课程内容不仅涉及心理学理论，还包括医学上的心理健康知识、社会工作中的实践经验等。为了实现跨学科合作，课程可能组建跨学科的教学团队，包括心理学家、医生、社会工作者等专业人士。这样的团队能够为学生提供不同层面的专业支持和指导。跨学科合作有助于设计综合性的课程，使学生能够从不同学科的角度全面理解心理健康问题。这样的课程设计有助于培养学生跨学科思维和应对复杂问题的能力。不仅仅是课程内容，跨学科合作还可以涉及提供全面的心理健康服务，包括医疗服务、社会支持、心理咨询等。学生可以从多个角度获取支持，满足他们的不同需求。跨学科合作也促进心理健康领域的研究和实践的跨领域交流。这有助于推动心理健康领域的发展，提高对心理健康问题的全面理解。跨学科合作的理念有助于打破学科间的壁垒，提供更全面、多元化的心理健康支持。通过整合不同学科的知识，学生可以更全面地理解和应对心理健康挑战。

（五）互动和参与

互动和参与是现代心理教育课程理论的一个显著特点，它通过提倡学生参与各种教学活动来促进学习。课程理论强调通过小组活动来促进学生之间的互动。小组活动可以包括小组讨论、合作项目等，鼓励学生共同探讨和分享彼此的观点，加深对心理健康知识的理解。利用案例讨论是一种常见的教学方法，通过真实案例的呈现，学生被鼓励分析和解决实际心理健康问题。这种互动的学习方式有助于将理论知识与实际情境相结合。学生参与实践演练，通过模拟情境或角色扮演来应用所学的心理健康技能。这种实践性的学习方式有助于培养学生在实际生活中运用知识的能力。课程理论鼓励学生参与课程决策的过程，包括选择讨论主题、设计项目、制订学习计划等。这种参与性的决策过程使学生更加投入到课程中。利用现代技术，课程可以设计在线互动平台，促进学生之间的交流。这包括在线讨论论坛、虚拟团队项目等，使学生能够在虚拟环境中共同学习和分享经验。互动和参与的理念有助于创造一个积极、合作的学习环境，使学生更深入地参与到心理健康教育中，从而更好地理解和应用所学的知识。这些特点使得现代心理教育课程更加贴近学生的需求，关注个体差异，促进学生在各个方面的全面发展。同时，强调实践导向和互动性，使学生能够更好地将所学应用于实际生活。

三、心理健康教育课程的基本理念

（一）全人关怀与全人发展的理念

在心理健康教育课程中，全人关怀与全人发展的理念贯穿始终。目标不仅仅是解决学生可能面临的具体症状，更关注于他们整体的福祉。全人关怀理念涵盖了认知、情感、社交和实践技能等多个方面，以确保学生在多个层面都能够得到充分的关注和培养。在认知层面，注重培养学生对心理健康概念的深刻理解。通过理论知识的传递，帮助他们认知不同情绪并学会相应的情绪管理策略。这有助于建立健康的认知模式，使学生更好地理解自己的情绪体验。在情感层面，致力于培养学生积极的情感体验和表达方式。通过情感教育，帮助学生建立健康的情感觉知和情感调节能力。这有助于提高情感智慧，使学生更加敏锐地理解和处理自己的情感状态。在社交层面，注重促进学生与他人的良好关系。通过互动活动、小组合作等方式，鼓励学生参与社交互动，培养他们的社交技能和人际关系质量。这有助于建立支持系统，提升社交支持的水平。在实践技能层面，强调理论与实践的结合。学生不仅要了解理论知识，还需要能够将这些知识应用到实际生活中。通过案例分析、实际演练等活动，培养学生解决实际问题的实际技能，使他们在面对生活挑战时更具应对能力。全人发展的理念意味着不仅仅是心理健康教育，更是整体素质的培养。通过关注认知、情感、社交和实践技能等多个方面，致力于培养学生全方位、综合的素质。

（二）理论与实践结合的理念

在心理健康教育课程中，坚持理论与实践相结合的理念。这一理念的核心在于，学生不仅需要理解抽象的理论知识，更需要能够将这些知识应用到实际生活中。通过理论与实践的结合，旨在培养学生具备解决实际问题的能力，并使他们学到的知识更具实用性。在理论层面，传递丰富的心理健康理论知识。学生将深入了解各种心理健康概念、模型和策略。这为他们提供了理论框架，帮助他们理解心理健康的本质和影响因素。而在实践层面，注重通过具体活动和案例分析将理论付诸实践。学生将参与实际场景的模拟、角色扮演等活动，运用所学理论来解决实际情境中的问题。这种实际操作有助于巩固理论知识，培养学生的实际运用能力。理论与实践的结合有助于学生将抽象的理论知识转化为实际的解决方案。他们不仅学会了理论上如何认识和处理心理健康问题，更能够在现实生活中灵活应用这些知识，提高解决问题的实际技能。通过这种理论与实践的有机结合，旨在培养具备理论深度和实践广度的学生，使他们能够更自信、更有效地应对各种心理健康挑战。

（三）互动学习与实际参与的理念

通过小组活动、讨论、互动式教学等形式，激发学生的主动性和参与度。互动学习有助于打破传统教学的单向性，让学生成为知识共建的参与者。通过与同学互动，学生能够分享观点、交流经验，从而更全面地理解心理健康知识。强调学生在学习过程中的实际参与。这可能包括参与真实案例的解决、实地调研、模拟演练等。通过实际参与，学生能够将理论知识转化为实际应用的能力。这种参与式学习不仅提高了学生的学习动力，还培养了他们解决实际问题的实际技能。互动学习和实际参与相辅相成。互动学习提供了一个开放的学习环境，激发学生的思维，而实际参与则巩固了他们的理论知识，使之更具体、更有深度。这种综合性的学习方式有助于培养学生的批判性思维，使他们能够更灵活地运用所学的心理健康知识。

（四）终身学习和持续支持的理念

鼓励学生将心理健康视为一个终身学习的主题。心理健康是一个动态的概念，受到各种因素的影响，因此需要持续的学习和适应。提供各种资源和机会，使学生能够在不同的生命阶段持续学习心理健康知识，不断提升自己的心理健康素养。仅仅在课堂中传递知识是不够的。因此，致力于提供持续的支持体系。这包括定期的心理健康讲座、咨询服务、在线资源等。希望学生能够在需要时随时获得支持，不仅在课程期间，而且在他们的整个学生生涯中都能够得到关怀和帮助。这一理念强调了心理健康教育不仅仅是一段时间的学习，更是一个贯穿整个生命的过程。通过鼓励终身学习和提供持续支持，旨在使学生在面对各种生活挑战时都能够保持良好的心理健康状态。这些理念构成了心理健康教育课程的核心，旨在培养学生全面发展、具备实际应用能力的个体。

第二节　心理健康教育课程的心理学基础

一、心理学理论与心理健康教育课程

（一）行为主义理论课程

在行为主义理论的心理健康教育课程中，采用一系列策略和方法，旨在通过可观察行为的学习来促进学生的心理健康。通过正向强化来增强和巩固积极的心理健康行为。例如，当学生展现积极的情绪调节或压力管理技能时，会提供肯定和奖励，以促使这种行为的持续。通过逐步引导学生朝着期望的心理健康行为发展，采用行为塑造的方法，逐渐引导学生采用适应性的行为模式，形成健康的心理习惯。行为主义理论强调通过观察和模仿他人来学习新行为。鼓励学生观察他人成功应对压力或解决问题的行为，并尝试将这些健康行为模仿到自己的生活中。建立明确的反馈机制，及时告知学生他们的行为是否符合预期的心理健康目标。这有助于学生建立对自己行为的认知，形成自我调节和改进的能力。通过运用行为主义理论，心理健康教育课程旨在培养学生积极的心理健康习惯和行为，使他们能够更好地应对生活中的挑战。

（二）认知理论课程

在认知理论的心理健康教育课程中，采用一系列策略和方法，旨在帮助学生理解和调整他们的认知过程，以促进更健康的心理健康。教授学生如何识别和挑战负面的思维模式，并进行认知重构，以培养更积极、健康的思考方式。通过这种方法，学生能够更有效地处理负面情绪和应对挑战。鼓励学生通过意识观察来认知自己的思维过程。了解自己的思考模式对情绪和行为的影响是认知理论的关键目标之一。学生学会观察和理解自己的思考习惯，为改变不健康的认知打下基础。认知理论认为，通过改变思维方式，个体可以更有效地解决问题。教导学生运用积极的思考方式来解决生活中的问题，培养他们的问题解决技能。学生学会通过自我调节来管理情绪和压力。这包括学会自我安抚、设定积极的目标，并通过认知策略来调整对待挑战的态度。通过运用认知理论，心理健康教育课程旨在帮助学生建立积极的认知模式，提高应对生活压力和情绪管理的能力。

（三）人本主义理论课程

在人本主义理论的心理健康教育课程中，关注个体的自我实现和内在驱动，旨在培养学生积极的自我认知和自我价值感。鼓励学生进行自我探索，了解自己的内在需求、愿望和价值观。通过反思和探讨，学生能够建立更深层次的自我认知，为心理健康奠定基础。人本主义理论强调接纳自己的真实面貌，包括接纳自己的情感、弱点和过去。帮助学生培养自我接纳的态度，以减少自我批评和促进心理健康。鼓励学生明确个人的目标和愿景，引导他们寻找内在驱动的动力。通过设定与内在价值观一致的目标，学生能够更有动力地追求自己真正想要的生活。人本主义理论认为每个人都有实现自己潜能的内在动力。鼓励学生追求个人的自我实现，通过发展自己的才能和追求个人成长来提升心理健康水平。通过运用人本主义理论，心理健康教育课程旨在培养学生的自我认知、自我接纳和自我实现，以实现更全面的心理健康发展。

（四）社会学习理论课程

在社会学习理论的心理健康教育课程中，借鉴了这一理论来促使学生通过观察和模仿他人来学习新的心理健康行为。鼓励学生通过观察他人的积极心理健康行为，并尝试模仿这些行为。这可以通过案例分析、角色扮演等方式来实现，使学生能够从身边的正面榜样中学到有益的心理健康策略。社会学习理论认为同伴对个体学习的影响至关重要。通过促进同学之间的积极互动，创造支持性的社交环境，让学生能够在集体中学到更多积极的心理健康行为。通过团队合作和集体活动，创造机会让学生共同参与，从而在群体中学习积极的心理健康行为。这有助于培养合作精神和从他人那里获取积极经验的能力。强调培养学生的同理心，使他们能够理解他人的心理健康需求，并从他人的经验中获取启示。这有助于建立更加关爱和支持的学习环境。通过运用社会学习理论，心理健康教育课程旨在通过社交互动，培养学生积极的心理健康行为，并促进同伴之间的支持和理解。

（五）系统理论课程

在系统理论的心理健康教育课程中，注重帮助学生理解个体与环境、社会系统之间的相互作用。培养学生具备系统思维，使其能够看待个体、家庭、学校和社会等层面的心理健康问题。通过理解这些层面之间的复杂关系，学生能够更全面地理解心理健康的综合影响。系统理论强调个体与环境的相互影响。帮助学生认识到社会、文化、家庭等环境因素如何影响个体的心理健康，从而更好地应对这些影响。通过系统理论，设计课程来强调预防和干预的重要性。学生学会识别系统中的潜在问题，以及如何通过系统性的方法来制定和实施心理健康干预措施。系统理论考虑到社会支持对个体心理健康的重要性。鼓励学生建立健康的社会支持网络，以在系统中获得积极的支持和资源。通过系统理论，心理健康教育课程旨在培养学生具备系统思维，理解个体与环境之间的复杂关系，并通过系统性的方法促进心理健康的全面发展。

这些心理学理论为心理健康教育提供了理论基础和方法论，帮助教育者更好地理解学生的行为、思维和情感，设计有效的教育策略，促进学生全面发展。

二、发展心理学与心理健康教育课程

（一）身份发展理论课程

身份发展理论关注个体在不同社会和文化背景中对自我认同的建构过程。

1. 多元文化意识

在培养多元文化意识方面，致力于引导学生主动探索和认知自身的文化背景。通过开展课程和活动，鼓励学生深入思考自己所处的文化环境，包括但不限于族裔、语言、宗教信仰等方面的元素。强调的不仅是对自身文化的认知，更是对多元文化的理解。通过展示各种文化的丰富性和差异性，希望学生能够拓宽视野，超越狭隘的文化观念，培养开放包容的心态。在多元文化认知的过程中，鼓励学生积极参与跨文化交流和互动。这有助于打破文化隔阂，促进不同文化之间的相互理解和尊重。通过分享个人经历、参与文化交流活动，学生将更深刻地体会到多元文化的丰富性，从而形成积极的文化认同和建构。总体而言，培养多元文化意识是为了让学生更好地适应和融入多元文化社会，建立积极的文化认同，同时提高他们的跨文化沟通和合作能力。

2. 职业身份

在培养大学生的职业身份方面，致力于帮助他们深刻理解职业发展的重要性，并引导他们进行系统性的职业规划。以下是课程中关注的一些重要方面：首先，强调职业发展的重要性。通过课程内容和实际案例，向学生传达职业发展对于个人成长和生活意义的重要性。探讨不同职业领域的特点，行业趋势，以及职业选择对于实现个人目标的影响。其次，引导学生进行职业规划。通过设立明确的规划目标、了解个人兴趣和技能、探索职业领域，帮助学生建立起系统的职业发展路线图。学生将学到如何利用学校资源和实习机会，积累相关经验，为未来的职业发展打下坚实基础。最重要的是，注重培养学生积极的职业身份认同。通过自我认知和职业探索，学生将更清晰地理解自己的价值观、兴趣和职业目标。鼓励他们树立积极的职业形象，提高对自己职业角色的认同感。总体而言，目标是帮助大学生在面对职业选择时更加自信、明晰，培养积极的职业身份认同，为未来的职业生涯奠定坚实基础。

3. 性别身份

关注大学生性别身份认知的发展是心理健康教育课程中的重要任务之一。首先，致力于提供性别平等教育。通过课程内容、讨论和案例分析，向学生传达性别平等的重要性，强调每个人都应该享有平等的权利和机会。探讨性别歧视和刻板印象对个体和社会的影响，鼓励学生关注性别平等的社会运动和倡议。其次，促进性别角色的积极建构。鼓励学生自主思考和探索个体在性别身份认知中的体验，引导他们超越传统的性别角色刻板印象。通过开展讨论和小组活动，促使学生意识到性别角色是可塑的，并鼓励他们打破性别界限，追求个人兴趣和激情。最后，关注性别身份认知的发展。通过了解学生的性别身份认知水平，支持那些在性别认同探索过程中可能遇到困惑或挑战的学生。提供支持和资源，确保每个学生都能够建立积极的性别身份认同，并感受到校园环境的包容和尊重。总体而言，目标是在大学生中培养对性别平等的认知，促进积极的性别角色建构，为每个学生提供支持，使其在性别身份认知方面能够自信、健康地发展。

（二）社交认知理论课程

社交认知理论强调个体如何理解和解释社交信息，以及这种信息处理对行为和情感的影响。在大学生心理健康教育中，社交认知理论应用于如下方面。

1. 沟通技能

发展大学生的沟通技能是心理健康教育课程中的关键目标。首先，强调表达自己的能力。通过角色扮演、实际情境模拟和小组讨论等活动，培养学生清晰、自信地表达自己的想法和感受的能力。关注非暴力沟通原则，教导学生如何用尊重和理解的语言表达个人观点，以建立良好的人际关系。其次，注重倾听他人的技能。通过训练学生主动倾听、理解他人观点的能力，培养他们在交流中更好地接纳不同意见，增进人际关系的质量。倾听是沟通的重要组成部分，对于建立信任和理解至关重要。最后，关注解决冲突的技能。通过案例分析、角色扮演和实际问题解决情境等方式，教导学生如何有效处理和解决冲突。这包括学会妥善表达自己的需求、倾听对方的诉求，并寻找双赢的解决方案。总体而言，目标是培养大学生在各种情境下都能够有效沟通的能力，使他们能够建立良好的人际关系，更好地应对挑战和压力。

2. 人际关系

在人际关系方面，心理健康教育课程着重培养学生的社交技能和解决社交问题的能力。首先，引导学生理解他们在人际关系中的社交角色。通过个体和小组活动，帮助学生认识到他们在不同社交场合中扮演的角色，并理解这些角色对于人际关系的影响。这有助于提高他们的自我认知和社交情商。其次，培养学生积极的人际互动能力。通过角色扮演、团队合作项目和群体讨论，强调团队合作、沟通和分享的重要性。这有助于培养学生在团体中建立积极、健康的人际关系，增进合作和团队精神。最后，专注于解决社交问题的能力。通过案例分析、实际情境模拟和角色扮演等活动，教导学生如何应对社交挑战，处理人际冲突，以及建立支持系统。这有助于提高他们在社交场合中的适应性和解决问题的能力。总体而言，目标是让学生具备积极的人际互动技能，能够建立健康、支持性的人际关系，从而提高他们在大学生活中的幸福感和心理健康水平。

3. 社交情绪智能

在社交情绪智能方面，心理健康教育课程旨在帮助学生认识到情绪在社交中的作用，并培养他们的情绪智能。首先，引导学生理解情绪在社交中的重要性。通过情境模拟、案例分析和小组讨论，让学生认识到情绪对人际关系的影响，学会分辨不同情绪状态，理解情绪传递的方式，并意识到情绪在社交互动中的作用。其次，培养学生的情绪智能。通过情感识别训练、情绪调节技能的培养和情感管理策略的学习，帮助学生提高对自己和他人情绪的认知水平。这有助于他们更好地理解和应对社交场合中的情感体验，同时培养情感上的智慧和敏感度。最后，注重情感表达和沟通技能的培养。通过角色扮演、沟通训练和实际情境模拟，让学生学会有效地表达自己的情感，并学会倾听和理解他人的情感。这有助于提高他们在社交互动中的情感表达能力，增进与他人的沟通和理解。总体而言，目标是培养学生的社交情绪智能，使他们能够更加敏锐地理解和应对社交场合中的情感体验，提高他们的社交情感智慧水平。

（三）大学生心理健康教育中的社会发展理论

社会发展理论强调社会环境对个体发展的影响，特别关注社会支持、社交网络和社会责任。在大学生心理健康教育中，社会发展理论体现在如下方面。

1. 社会支持网络

在社会支持网络方面，心理健康教育课程致力于帮助大学生建立良好的社会支持网络，提供情感支持、信息支持和实质性支持。首先，鼓励学生认识到社会支持的重要性。通过课堂讨论、案例研究和分享经验，帮助学生理解良好的社会支持网络对心理健康的积极影响。他们学会认识到在面临挑战和压力时，有一个稳固的社会支持系统可以起到关键的支持作用。其次，提供建立社会支持网络的实际技能。通过角色扮演、小组活动和社交技能训练，培养学生在社交场合中建立和维护人际关系的能力。这包括主动寻求社会支持、表达需求、倾听他人并提供支持的技能。再次，教导学生如何选择适当的社会支持资源。通过介绍不同类型的社会支持，包括家庭、朋友、同学和专业支持服务，帮助学生了解何时何地可以寻求不同形式的支持。这有助于他们更加有针对性地利用社会支持资源。最后，强调实践中的应用。通过实际案例分析、社交场景模拟和实际支持活动，让学生在真实的环境中应用所学的社会支持技能，加深对这些技能的理解和掌握程度。总体而言，目标是帮助大学生建立强大而健康的社会支持网络，使他们在面临挑战时能够得到有效的支持，提高心理健康水平。

2. 社会责任感

在培养大学生社会责任感方面，心理健康教育课程采取了一系列策略和方法，以引导学生认识到他们在社会中的角色和责任，并通过参与社会服务等活动促进心理健康。首先，通过课堂教学和讨论引导学生深入理解社会责任感的概念。讨论个体在社会中的影响力及他们对他人和社区的责任。这有助于学生认识到他们作为一员的社会群体中的作用，并激发他们的社会责任感。其次，通过实际案例和故事分享展示社会责任感的实际影响。介绍一些成功的社会服务项目，以及个体通过参与社会活动对自己和他人产生积极影响的实例。这种实例的分享可以激发学生的兴趣和动力，使他们更加愿意参与社会服务。再次，组织社会服务和义工活动，让学生亲身体验社会责任感的实践。通过参与这些活动，学生能够直接感受到他们的付出对社会和他人的积极影响，从而深化对社会责任感的理解。最后，鼓励学生制订和实施个人的社会责任感计划。通过个人项目的设计和执行，学生能够在实际中应用他们所学的社会责任感理念，培养责任心和自我驱动力。总体而言，目标是通过理论教学、实例分享和实际参与，培养大学生的社会责任感，使他们更加关注社会问题、参与社区服务，并在这个过程中促进自身心理健康的提升。

3. 团队合作

在心理健康教育课程中，促进大学生团队合作是一个重要的目标，旨在培养他们的协作和团队合作能力，以促进社交发展和心理健康。组织各种团队建设活动，包括户外拓展、团队游戏等。这些活动旨在加强学生之间的关系，培养他们的信任感和团队凝聚力。鼓励学生在小组中相互提供反馈和评价。这有助于学生了解彼此的优势和改进空间，促使他们更好地适应团队合作的要求。推动跨学科团队项目，让不同专业背景的学生共同合作。这种经验有助于拓宽学生的视野，培养跨领域的合作能力。设计场景模拟，要求学生在团队中共同制定决策和解决问题，这锻炼了学生的团队决策能力和危机处理能力。通过这些策略，旨在培养大学生在团队合作中的领导力、协作技能和沟通能力，以促进他们的社交发展和心理健康。

通过综合发展心理学和心理健康教育理论，提供符合大学生特定发展阶段需求的全面心理健康支持，帮助他们实现身心健康和全面发展。

三、团体动力学与心理健康教育课程

（一）团体支持和互动

在团体支持和互动的方面，利用团体动力学的原理可以为学生提供更有益的学习体验。定期组织小组活动，让学生以小组形式合作完成任务或讨论特定主题。通过小组活动，学生能够更深入地了解彼此，并建立起相互之间的信任和合作关系。鼓励学生分享个人的情感和经历，以在团体中创造情感共鸣。提供一个安全的空间，使学生感到可以坦诚地表达自己的心理健康体验。根据学生的兴趣或特定主题，组建支持小组，让他们能够共同面对和解决心理健康问题。指导学生在小组中分享资源、经验和支持。安排团体动力学研讨，探讨心理健康主题，以激发学生的思考和讨论。创建一个开放的环境，鼓励学生提出问题、分享见解，并从中学到新的心理健康知识。设立导师或学长学姐制度，让经验丰富的学生能够帮助新生更好地适应学校和处理心理健康挑战。导师可以提供经验分享、建议和情感上的支持。与学生一起共同制定小组互动的规则，以确保每个人都能感到尊重和支持。这有助于建立积极的团队文化，促进互相帮助和理解。建立一个积极的反馈机制，鼓励学生互相提供建议和支持。在团体中分享正面的反馈和成就，以促进学生之间的积极互动。通过以上方法，可以在课堂中创造一个团体支持和互动的环境，让学生更积极地参与学习，分享彼此的经验和情感，从而促进彼此的成长和心理健康。

（二）团体反馈和支持系统

建立积极的团体反馈系统是在心理健康教育课程中运用团体动力学原理的重要一环。通过以下方法，可以促进学生在心理健康学习中的成长，并提供支持和鼓励，同时强调共同目标的重要性。首先，引导学生明确共同目标。课程开始阶段，激发学生对心理健康的共同兴趣，并鼓励他们共同制定学习目标。这有助于建立一个共同奋斗的团队精神，让学生认识到每个人都在追求相似的目标。其次，设立定期的团体反馈机制。通过定期的小组讨论、反馈会议或在线平台，为学生提供一个分享他们在心理健康学习中的经验和感受的机会。鼓励他们分享成功故事、困扰和解决方案，以促进经验的交流和团队建设。再次，强调积极反馈。在团体中，重点放在积极的方面，强调成就和进步。鼓励同学们相互表达赞赏和支持，以建立一个正面的学习氛围。积极反馈有助于提高学生的学习积极性和自信心。最后，提供个体化的支持。了解每位学生的需求和挑战，为他们提供个性化的建议和支持。这可以通过个别会谈、小组导师制度或在线平台的私人消息实现。个体化的支持有助于更好地满足学生的学习需求。最后，建立一个互助的文化。鼓励学生互相支持和分享资源，使团体成为一个相互依赖的社群。通过共享学习资源、心得体会和解决问题的方法，学生能够更好地在团队中成长。通过以上方法，团体反馈和支持系统能够在心理健康教育课程中发挥积极的作用，促进学生的成长和发展，同时增强整体学习体验的质量。

（三）团队建设和认同感

通过运用团体动力学原理，可以有效促进团队建设，增强学生对心理健康教育课程的认同感。以下是一些方法，可以创造一个团结的学习环境，使学生感受到彼此之间的关系对心理健康的积极影响。第一，进行团队建设活动。设计各种各样的团队活动，例如团队拓展训练、合作项目或游戏，以促进学生之间的合作、沟通和信任。这些活动可以打破冰，促进学生之间的情感联系，有助于建立一个更加紧密的学习社群。第二，设立团队合作项目。安排具体的团队项目，要求学生共同合作完成。这可以是小组研究、展示或实际应用项目。通过共同努力完成项目，学生能够感受到团队协作的力量，增强对团队的认同感。第三，倡导共同价值观。在课程中明确传达心理健康的共同价值观，鼓励学生在这些价值观的基础上建立对团队的认同感。共同的价值观可以成为团队凝聚力的来源，使学生更容易形成团队认同。第四，促进学生之间的互助与支持。鼓励学生在团队中相互帮助，分享资源和经验。设立互助机制，使团队成员能够在学习和生活中得到支持。通过这种互助关系，增强团队的凝聚力和认同感。第五，创建一个积极的团队文化。强调团队的积极文化，包括相互尊重、欣赏多样性、共同成长等元素。通过正面的团队文化，学生能够更好地融入团队，感受到团队的正面影响。通过这些方法，可以建立一个团结的学习环境，使学生在心理健康教育课程中感受到团队协作的价值，增强对团队的认同感，从而更好地享受学习过程和共同成长。

四、群体心理学与心理健康教育课程

（一）群体对心理健康的影响

群体对心理健康的影响是心理健康教育中一个重要而复杂的议题。在这方面，需要深入研究群体心理学的各个方面，以便更好地理解个体在不同社交环境中的心理状态和应对机制。群体支持是指个体通过参与社交网络和群体中的互动，获得情感、信息和实质性支持的过程。群体支持可以对个体的心理健康产生积极影响，减轻负面情绪和压力。在心理健康教育中，需要教导学生如何主动寻找和建立良好的群体支持系统，以增强他们的心理韧性。群体也可能是心理健康问题的源头，尤其是在存在负面竞争、排斥或歧视的情境下。社会压力可能对个体的情绪和自尊心造成负面影响。在心理健康教育中，需要教导学生识别和应对潜在的群体压力，培养他们的社会适应能力。个体在群体中形成的认同感也会影响其心理健康。积极的群体认同可以提供情感支持和身份认同，有助于建立积极的心理状态。但是，负面的群体认同或群体排斥可能导致心理健康问题。在心理健康教育中，需要引导学生建立积极的群体认同，同时培养对多元文化的理解和尊重。心理健康教育课程应该关注教导学生理解社交动态，包括群体中的互动、合作和冲突。学生需要学会有效地处理社交关系，从中获得积极的心理支持。这可能包括培养良好的沟通技能、解决冲突的策略等。在心理健康教育中，可以介绍群体心理治疗的概念和方法。群体心理治疗为个体提供了在群体环境中分享经验、获得支持和学习应对策略的机会。了解群体心理治疗的原理，可以帮助学生更好地理解群体对心理健康的积极影响。通过深入研究群体对心理健康的影响，心理健康教育可以更全面地培养学生的社交智慧和应对能力，使他们更好地适应多样化的社交环境。

（二）群体动态的实际应用

利用国际化的招聘平台，通过在线渠道广泛发布职位，并吸引全球范围内的求职者。这可以是全球性的招聘网站、社交媒体平台或专门的行业招聘平台。提供多语言的招聘信息，确保各种语言背景的求职者都能够理解和参与招聘流程。这有助于打破语言障碍，吸引更多国际化的人才。组建具有跨文化敏感性的招聘团队，确保对不同文化背景的求职者有深入了解，并提供相应的支持和引导。参与全球性的招聘活动和职业展会，与国际教育机构、专业组织等建立合作关系，拓展人才网络。公司需要为国际化人才提供文化适应支持，包括社交活动、培训课程和文化交流活动，帮助他们更好地融入公司文化。制定全球招聘政策，明确招聘标准、福利待遇和职业发展机会，以确保招聘过程的一致性和公平性。制定虚拟招聘流程，包括在线面试、远程评估等，以便更好地与全球各地的求职者进行沟通和评估。通过采用上述策略，公司可以更好地应对边界模糊的挑战，吸引并留住全球范围内的优秀人才。这有助于构建多元文化的团队，推动企业在全球化时代的成功发展。

（三）群体参与与身份认同

在心理健康教育课程中，可以通过多种方式实际应用群体动态的理论，以帮助学生更好地理解和应对群体中的心理健康问题。设计群体案例研究，让学生分析真实或虚构的群体情境。案例可以涉及学生在学校、社交网络或其他环境中的群体体验。通过案例分析，学生可以理解不同群体动态对个体心理健康的影响，并提出可能的解决方案。安排学生参与群体项目，例如小组研究、社区服务活动或团队合作项目。通过这些项目，学生将亲身体验群体互动的各个方面，包括合作、冲突、领导和参与。这有助于他们更深入地理解群体动态，并学会在群体中保持心理健康。安排群体对话和讨论，让学生分享他们的群体经历和观察。这可以是面对面的小组讨论，也可以是在线平台上的群体讨论。通过交流，学生可以学到不同群体中的共性和差异，拓展对群体动态的认识。进行群体心理治疗的模拟，让学生体验群体治疗的过程。这可以通过角色扮演、模拟案例、导向性问题等方式进行。学生将有机会感受在群体中分享和支持的重要性，以及群体治疗对心理健康的积极影响。要求学生选择一个特定的群体，进行深入的动态分析，并撰写报告。他们可以考查群体中的社会结构、角色分配、沟通模式等方面。这有助于学生运用群体动态理论解读实际场景，并提出改进建议。通过这些实际应用，学生将不仅理解群体动态的理论知识，还能够将其运用到实际情境中，培养在群体中保持良好心理健康的能力。这有助于他们更好地适应不同的社交环境，并在群体中更积极地参与和贡献。

（四）群体治疗和心理健康

群体治疗在心理健康教育中扮演着重要的角色，它是一种有效的手段，有助于促进个体心理健康。群体治疗提供了一个共同体，使个体感到被理解和接纳。这种社会支持和归属感对心理健康至关重要，特别是在面对挑战和困境时。在群体中，个体可以分享彼此的经验和挑战，形成互助和共同成长的环境。这种共享经验有助于减少孤独感，促进心理健康的改善。通过群体治疗，个体得以表达和探索自己的情感，学会更有效地处理和调节情绪。这对于提升情绪智能和应对生活中的压力至关重要。在群体中，个体有机会重新审视自己的角色和身份，形成积极的身份认同。这有助于个体建立更健康的自我概念，促进心理健康的发展。

学生通过群体治疗建立起支持网络，得以分享彼此的经验和支持。这有助于缓解孤独感，提升心理健康。在群体中，学生可以锻炼社交技能，包括表达自己的需求、倾听他人和有效沟通。这对于建立健康的人际关系至关重要。通过群体治疗，学生有机会深入了解自己的情感、需求和行为模式。这促使他们进行自我调整，更好地适应生活的变化。学生在群体中可以从他人的经验中学到新的应对策略和解决方案。这种共享学习对于培养学生的心理健康素养非常有益。总体而言，群体治疗为学生提供了一个安全的环境，鼓励他们探索和解决心理健康问题。通过与他人互动和分享，学生能够更全面地理解自己，培养积极的心理健康习惯，并在群体中找到支持和共鸣。

（五）群体反馈与成长

在心理健康教育中，强调群体反馈对个体心理健康的作用是至关重要的。群体中的多样性意味着个体可以从不同的观点和意见中获取反馈。这有助于拓宽个体的视野，促进全面的成长。通过群体反馈，个体能够更清晰地认识到自己的优点、挑战和盲点。这种自我认知是心理健康的基石，有助于个体更好地理解自己。群体反馈提供了建设性的支持和建议，帮助个体应对挑战和问题。学生可以从群体中获得实用的解决方案，促使其在心理健康方面更好地成长。通过群体反馈，个体能够感受到共鸣和理解，知道自己不是孤单的。这种共鸣有助于缓解孤独感，促进心理健康的积极发展。

学生需要拥有接纳群体反馈的态度，将反馈视为成长的机会而非批评。这种积极的态度有助于更好地应对挑战。学生可以将群体反馈作为改进的方向，制订目标导向的行动计划。通过有针对性地应对反馈中指出的问题，促进个体的成长。当面临困难或挑战时，学生可以在群体中寻求支持。这种支持可以是情感上的，也可以是实质性的帮助，有助于应对压力和问题。学生需要学会反思自己的行为和决策，并根据群体反馈进行调整。这种反思和调整是心理健康成长的重要环节。通过强调群体反馈与成长的关系，心理健康教育课程能够培养学生对他人意见的敏感性，促使他们在社交和情感方面更全面地成长。通过共享经验和接受建设性反馈，学生能够更好地应对生活中的挑战，促进其心理健康的发展。

第三节　心理健康教育课程的社会学基础

一、心理健康教育课程的社会学理论

在心理健康教育课程中，社会学理论起着关键的作用，帮助理解个体在社会环境中的心理健康问题。以下是关于心理健康教育课程的社会学理论的讨论。

（一）社会支持理论

社会支持理论认为，个体所处的社会环境对其心理健康具有重要影响。社会支持可以分为情感支持、信息支持和实质性支持。情感支持涉及理解、关心和接纳，信息支持提供有关问题的信息和建议，实质性支持包括物质或实际帮助。课程可以着重教导学生如何建立健康的社会支持网络。这包括与朋友、家人和同学建立积极的关系，以及如何主动寻求支持。通过案例研究和实际例子，课程可以帮助学生认识到社会支持对心理健康的积极影响。这可以通过展示真实生活中社会支持帮助个体克服困难的例子来实现。学生可以学到如何提供有效的社会支持，包括倾听、理解和适当的反馈。这有助于建立良好的人际关系，为心理健康提供积极的支持。一些学生可能面临社会隔离的问题，课程可以通过讨论社会隔离对心理健康的负面影响，鼓励学生主动参与社交活动，减少隔离感。强调社会支持的多样性，包括不同类型的支持和获取支持的多种方式。这有助于学生更灵活地运用社会支持资源。通过社会支持理论，心理健康教育课程能够更全面地关注个体与社会的关系，为学生提供更有效的心理健康支持。这一理论的实际应用有助于培养学生积极的社交技能，提高应对生活挑战的能力。

（二）社会认知理论

社会认知理论认为，个体的认知过程不仅是个体内部的心理活动，还受到社会因素的影响。这包括社会期望、社会标准和与他人互动的经验。个体通过社会认知来解释自己和他人的行为，并根据这些解释来调整自己的思维和行为。

课程可以帮助学生认识到可能存在的认知扭曲，即对社会情境的错误解释。通过案例分析和角色扮演，学生可以学会识别和纠正这些扭曲，从而改善对社会环境的认知。学生可以了解到来自社会的期望可能导致焦虑、压力等问题，以及如何调整对这些期望的认知，减轻压力。引导学生思考他们与他人的比较对自己的影响。社会认知理论有助于理解社交比较如何影响自尊、自我概念和心理健康。课程可以帮助学生更好地理解群体认同如何塑造个体的价值观和行为，并如何平衡群体认同与个体需求。个体在社交互动中的认知过程，培养有效的社交技能。这可以通过角色扮演、模拟社交场景等方式实现。通过社会认知理论，心理健康教育课程有助于使学生更清晰地理解社会环境，提高他们对自己和他人行为的认知水平，从而促进更健康的社交关系和心理健康。

（三）社会身份理论

社会身份理论认为，个体的自我认同和心理健康受到其在社会中的身份认同的影响。这包括性别身份、文化身份、职业身份等方面。个体通过对这些社会身份的认同来建立自己的社会位置，这对于心理健康至关重要。引导学生深入思考性别身份对其自我认知和社会交往的影响。课程可以探讨性别角色的社会建构，帮助学生理解和接受多样的性别身份。探讨学生的文化背景对其自我认同的影响。通过认识到自己的文化身份，学生可以更好地理解和尊重他人的差异，建立跨文化的理解和和谐。帮助学生了解职业身份的建构过程，以及职业选择如何影响个体的心理健康。这有助于学生更好地规划职业发展，并增强对自己在职业领域的自信。引导学生认识到他们在社会群体中的身份认同，如青年群体、地域性群体等。这有助于培养学生对社会责任的认识，促进社会参与和公民意识。探讨可能存在的身份冲突，并提供调适策略。帮助学生理解如何平衡不同身份认同，减轻可能由于身份冲突而产生的心理压力。通过社会身份理论，心理健康教育课程可以引导学生深入思考自己在社会中的位置和身份，培养积极的身份认同，从而促进更健康的心理发展。

（四）社会比较理论

社会比较理论认为，个体在社会中倾向于与他人进行比较，以了解自己在某些方面的表现。这种比较可以涉及外貌、能力、社会地位等多个方面。比较的结果可能影响个体的自我评价和情感状态，从而影响其心理健康。探讨社会比较如何影响个体的自我评价。通过了解他人的表现和社会期望，学生可以更客观地评价自己，减轻可能出现的自我否定。引导学生认识到社会比较可能带来的压力和焦虑。教授有效的应对策略，帮助学生在竞争激烈的环境中保持心理平衡。通过引导学生进行有益的比较，促进个体的成长和进步。了解个体如何在群体中寻求认同，以及群体比较对群体动力学的影响。引导学生发展自我接纳的能力，减少过度依赖社会比较的负面影响。鼓励个体发展独立的自我认同，不仅仅依赖外部认可。通过社会比较理论的应用，心理健康教育可以使学生更好地理解社会比较对心理健康的影响，培养积极的心理应对机制，并促进个体的全面发展。

（五）社会文化理论

社会文化理论是一种关注文化对个体行为和价值观塑造的理论。在心理健康教育中，这一理论扮演着重要的角色。通过社会文化理论的应用，能够深入理解文化对心理健康的影响，并为学生提供更全面的教育。首先，社会文化理论强调了文化背景对心理健康的重要性。不同的文化传统和价值观会对个体的认知、情感和行为产生深远的影响。通过了解个体所处的文化环境，可以更好地理解其心理状态，为心理健康教育提供更为个性化和精准的指导。其次，社会文化理论提倡文化敏感性和多元文化理解。在跨文化环境中，个体可能面临不同的挑战和压力，而对多元文化的理解可以帮助学生更好地适应这些挑战。通过培养文化敏感性，能够促使学生尊重并包容不同的文化观念，从而建立更加和谐的人际关系。在心理健康教育实践中，社会文化理论的运用有助于打破文化障碍，为学生提供更全面、平等的支持。通过引入社会文化理论的观点，能够促使学生思考自身文化认同，并培养他们在多元文化环境中的适应能力。这种综合的理论框架为心理健康教育提供了更加深刻和全面的理解，使之能够更好地满足学生的需求，推动心理健康事业在社会中的全面发展。

通过整合社会学理论，心理健康教育课程能够更全面地考虑个体与社会的关系，培养学生在社会环境中更健康、积极的心理状态。社会学理论的应用使课程更具实践性和社会适应性，有助于学生更好地理解和应对复杂的社会因素对心理健康的影响。

二、心理健康教育课程的社会学属性

（一）教育系统与社会层次结构

教育系统在社会学中被看作是社会层次结构的一种反映。这意味着教育体系的组织和运作反映了社会的层次、阶级和文化结构。在心理健康教育中，这一社会层次结构对课程的设计和实施产生深远的影响。首先，不同社会层次的学生可能面临不同的挑战和压力。社会层次结构涉及个体在社会中的地位、身份和机会，这些因素会影响到个体的心理健康。例如，经济地位、文化背景和社会地位的不同可能导致学生在心理健康方面面临不同的问题。因此，心理健康教育课程需要考虑并针对不同社会层次的学生制定相应的策略。其次，教育系统作为社会层次结构的一部分，有责任为不同社会层次的学生提供平等的教育机会。这意味着心理健康教育课程应该致力于消除社会不平等对学生心理健康的负面影响。通过针对不同社会层次的学生设计差异化的教学方法，可以更好地满足他们的需求，促使所有学生都能够享受到公平和全面的心理健康支持。在实践中，教育系统可以通过制定包容性政策、提供多元化的支持和资源，以及培养教育者的文化敏感性来促进社会层次结构中学生的心理健康。通过这种方式，心理健康教育可以更好地反映和应对社会的多元性，为所有学生提供更为有益的学习经验。

（二）社会文化因素的影响

社会文化因素对心理健康教育的实施具有深远的影响。个体所处的文化背景、宗教信仰，以及对价值观的认同都会塑造其心理健康的认知和态度。在设计和实施心理健康教育课程时，必须认识到这些因素，并确保课程能够在多元社会中具有包容性和适用性。首先，文化背景对心理健康观念产生深远的影响。不同文化之间存在着对心理健康的不同理解和处理方式。一些文化可能更注重集体和家庭的健康，而另一些文化可能更强调个体的心理平衡。心理健康教育课程需要考虑到这些差异，以确保信息传达地贴近学生的文化认知。其次，宗教信仰也是社会文化因素的一部分，对心理健康观念产生影响。某些宗教传统可能会对心理健康产生积极或消极的影响，这需要在教育课程中得到敏感处理。尊重学生的宗教信仰，同时提供基于科学和心理学原理的信息，有助于建立更加开放和包容的心理健康教育环境。最后，价值观的多样性也是社会文化因素的一个重要方面。不同社会群体对于幸福、成功和人际关系的看法可能存在差异。心理健康教育课程需要敏感地对待这些差异，鼓励学生探索和发展符合其个体价值观的心理健康实践。因此，在实施心理健康教育时，需要不断迭代和调整课程，以确保它能够在多元社会中有效地传递信息，并为学生提供有益的心理健康支持。

（三）社会学理论在课程中的应用

将社会学理论融入心理健康教育课程是一种富有成效的方法，能够促使学生更好地理解个体与社会之间的相互关系。在这个过程中，社会支持理论是一个有力的工具，可以用于解释社会关系对心理健康的影响。首先，社会支持理论强调社会关系对于个体的心理健康至关重要。通过教授这一理论，学生可以深入了解社会支持是如何在个体生活中发挥作用的。课程可以探讨不同类型的社会支持，包括情感支持、信息支持和实质性支持，以及它们对心理健康的积极影响。其次，社会支持理论的应用有助于学生更全面地理解社会环境如何塑造和影响个体的心理健康。课程可以探讨社会支持在应对压力、促进适应和改善生活质量方面的作用。通过案例研究和实际应用，学生能够看到社会支持如何在现实生活中发挥作用，从而更好地理解其重要性。此外，社会支持理论的教学还可以强调个体与社会系统之间的相互作用。学生将了解到社会支持不仅仅是一种个体层面的现象，而且是社会结构和文化背景的产物。这有助于拓展学生的思维，使他们能够从更广泛的社会视角来理解心理健康的形成和维护。总体而言，将社会学理论融入心理健康教育课程，特别是社会支持理论的应用，可以为学生提供更深入、更全面的视角，使他们能够更好地应对社会与个体心理健康之间的复杂关系。

（四）社会因素对心理健康服务的影响

社会学属性在心理健康服务的分配和可及性方面发挥着重要的作用。不同社会层次的人可能面临不同的心理健康需求，而心理健康服务的设计和提供需要考虑到这些差异。课程的目标之一是培养学生具备在不同社会背景下提供有效心理支持的能力。首先，社会因素对心理健康服务需求的不同会影响服务的分配。不同社会层次的人可能面临不同的社会压力、经济挑战和文化差异，这会直接影响到他们的心理健康状况。心理健康服务需要根据不同社会群体的需求进行定制，以更好地满足他们的心理健康支持需求。其次，社会因素也影响心理健康服务的可及性。社会层次的不平等可能导致一些人难以获得适当的心理健康服务。这可能涉及经济资源的不足、社会边缘化及文化差异等因素。心理健康服务的设计需要考虑到这些差异，确保服务能够被广泛地提供和接受。在心理健康教育课程中，学生应该被培养具备跨文化和跨社会的理解力。他们需要学会如何在不同社会背景下敏感地提供心理健康支持，确保服务的平等和包容性。课程可以通过案例分析、角色扮演和实地实习等方式，帮助学生更好地理解和应对社会因素对心理健康服务的影响。总的来说，考虑到社会因素对心理健康服务的影响是心理健康教育中至关重要的一环。通过培养学生的社会学视角，他们能够更好地理解和应对不同社会层次人群的心理健康需求，为提供更为平等和全面的心理健康服务做出贡献。

（五）社会认同和身份

社会认同和身份是心理健康教育中重要的主题，涉及个体在社会中的定位和角色，以及社会认同如何影响心理健康。这一方面的理解有助于建立包容性和支持性的社会环境。首先，社会认同涉及个体对于所属社会群体的认同感。这包括但不限于性别认同、文化认同、宗教认同等。心理健康教育可以通过探讨不同社会认同的经历，帮助学生更好地理解他们自己和他人在社会中的定位。这有助于培养学生的自我接受和尊重他人的态度，从而促进心理健康。其次，身份问题涉及个体在社会中的角色和身份认同。不同社会角色和身份的压力和期望可能对个体的心理健康产生影响。心理健康教育可以帮助学生认识到身份认同的复杂性，并提供应对身份压力的策略。这有助于学生更好地应对社会角色带来的心理压力。这种理解对于建立包容性和支持性的社会环境至关重要。通过心理健康教育，学生可以培养对于多元社会认同的尊重和理解。

教育课程可以通过鼓励对话、庆祝多样性、强调共享经验等方式，促进学生在社会中建立积极的认同感，减轻潜在的身份压力。在心理健康教育中，社会认同和身份问题的综合考虑有助于学生建立积极的自我认同，增强社会融合感，促进个体和社会的共融。这不仅有益于个体的心理健康，也为构建更加包容、理解和支持的社会氛围奠定了基础。

第三章

心理健康教育课程设计

第一节　心理健康教育课程设计要求

一、心理健康教育课程的设计依据

（一）心理健康教育课程内容的选择依据

心理健康教育课程内容的选择依据是多方面的。首先，基于发展心理学的理论，课程内容需要考虑不同年龄阶段学生的心理发展特点，以确保教学内容与学生的发展水平相匹配。对于儿童和青少年，可能侧重于身份认同和情绪管理的培养；而对成年人和老年人，则可能更关注职业压力、人际关系等方面。其次，心理健康理论的应用是设计课程内容的重要依据。引入正心理学的概念，强调积极情绪、个体优势和生活满意度的培养，有助于学生建立积极的心理健康态度。同时，整合心理健康模型，如心身健康、社交健康和情感健康，以保障心理健康教育的全面性。社会文化因素也在内容选择中发挥着关键作用。考虑不同文化对心理健康的影响，以确保课程内容具有跨文化的适用性。同时，从多元性别的角度审视心理健康问题，以满足不同性别群体的需求。实证研究是设计心理健康教育课程内容的另一个基础。基于最新的研究成果，课程应深入探讨常见的心理健康问题，如焦虑和抑郁，提供科学的认知和应对策略。实际案例分析是一种有效的教学手段，通过真实案例帮助学生更好地理解和应用心理健康知识。最后，将社会支持理论纳入内容选择的依据中，教授学生如何建立和维护积极的社会支持网络，有助于促进心理健康。运用多样的教育工具，如心理健康应用程序和在线资源，能够使学生更灵活地获取和应用知识。综合而言，心理健康教育课程内容的选择是一个多角度、多层次的过程，旨在满足不同学生群体的需求，培养全面的心理健康素养。

（二）心理健康教育课程采用的活动形式

1. 个体层面的活动形式

（1）在心理健康教育课程中，反思和自我探索活动是一种深入了解个体内在世界的重要手段。通过写日记，学生可以记录下他们的思考、情感和经历，有助于培养情感表达和自我认知的能力。自我评估和反思作业提供了结构化的机会，使学生能够审视自己的信仰和价值观，并思考这些信仰和价值观如何影响他们的心理健康。这样的活动形式不仅有助于学生更深层次地了解自己，还促使他们认识到自身的情感和信仰对心理健康的影响。通过这种自我认知的过程，学生能够更好地理解自己的需求和挑战，进而采取积极的心理健康策略。这些活动也提供了一个私人的空间，让学生可以在没有外部压力的情况下探索和表达内心的感受，从而提高情感管理和情绪调节的能力。总体而言，反思和自我探索活动在心理健康教育中扮演着关键的角色，为学生提供了深刻的个人洞察力和成长的机会。通过这些活动，学生不仅能够更好地理解自己，还能够培养积极的心理健康态度，为未来的挑战做好准备。

（2）冥想和放松活动在心理健康教育中扮演着重要的角色，旨在帮助学生培养应对压力和焦虑的技能，同时提升专注力和心理平衡。教授冥想和放松技巧是为学生提供一种积极的心理调适方式。冥想的实践可以使学生学会集中注意力，通过专注于呼吸或特定的感觉，从而减轻焦虑感。同时，放松技巧有助于降低身体紧张度，改善情绪状态，为心理健康创造有利条件。这些活动的实施有助于学生在日常生活中建立起冷静应对压力的能力。通过反复练习冥想和放松，学生能够培养自我调节的技能，更好地应对生活中的各种压力和挑战。这也有助于提高专注力，使学生在学业和工作中更为高效和集中注意力。总体来说，冥想和放松活动是心理健康教育中一种实用而有效的工具，通过教授这些技巧，学生可以在日常生活中更好地管理情绪、缓解压力，提高整体的心理健康水平。

2. 小组互动层面的活动形式

（1）小组讨论和分享在心理健康教育中是一种促进学生交流和建立支持性社交网络的重要活动形式。通过这样的活动，学生有机会分享彼此的经验和观点，从而促进互相理解，培养出更强的社交技能和团队合作能力。首先，小组讨论和分享为学生提供了一个开放的环境，使他们感到被理解和支持。在这个过程中，学生可以分享他们的心理健康经历、挑战和应对策略，从而促使彼此更深入地了解和尊重。其次，这种活动有助于建立支持性的社交网络。通过与同学分享，学生可以获得来自小组成员的理解、鼓励和建议，形成互相支持的群体。这对于心理健康的维护和应对压力都是至关重要的。同时，小组讨论和分享也培养了学生的社交技能。在小组中，他们学会倾听他人的观点，表达自己的想法，提出问题，从而提高了沟通技能和人际交往的能力。这对于建立健康的人际关系和应对社交挑战具有积极的影响。最后，这种活动形式鼓励团队合作。学生在小组中共同探讨和分享，培养了协同工作和共同解决问题的能力。这对于未来学习和工作中的协作性能力有着积极的影响。综合来看，小组讨论和分享是一种在心理健康教育中非常有益的活动形式，通过促进学生之间的交流与合作，建立了一个支持性的社交网络，有助于他们更好地理解和应对自己的心理健康需求。

（2）角色扮演是一种生动而有效的活动形式，在心理健康教育中可以帮助学生模拟真实生活中的情境，培养解决问题和处理社交关系的能力。首先，通过角色扮演，学生可以更直观地体验到各种情境，从而提高他们的情感智慧。模拟真实生活中的场景，例如面对冲突、承受压力或者处理人际关系问题，有助于学生更深刻地理解自己的情感反应和他人的感受。其次，角色扮演提供了一个安全的学习环境。学生在模拟中可以自由尝试不同的行为和解决问题的方式，而不用担心真实后果。这有助于他们积极参与，并从中学到解决问题的实际技能，提高处理社交关系的自信心。此外，角色扮演培养了学生的沟通和人际交往能力。通过扮演不同的角色，学生学会倾听、表达和理解他人的观点，从而提高沟通技能。这对于建立健康的人际关系和处理社交挑战非常关键。最后，角色扮演也激发了学生的创造力和想象力。他们可以在虚拟的情境中灵活应对，尝试新的思维方式和解决问题的方法。这种创造性的活动对于培养学生的解决问题能力和创新思维具有积极的影响。总的来说，角色扮演是一种在心理健康教育中富有启发性的活动形式，通过模拟情境，培养学生解决问题和处理社交关系的实际能力，为他们的心理健康发展提供了有益的支持。

3. 班级整体层面的活动形式

（1）主题演讲和专题讲座是心理健康教育中一种丰富而有深度的活动形式。通过邀请心理健康专业人士或专家，为学生提供深度的专业知识和见解，这种形式有助于丰富学生的心理健康认知，激发对心理健康的兴趣和理解。首先，主题演讲和专题讲座提供了一个机会，让学生从专业人士那里获取深入的专业知识。专家的分享能够涵盖心理学的各个领域，包括心理健康的各个方面，如情绪管理、应对压力、心理障碍等。这有助于学生建立更全面的心理健康知识体系。其次，通过这种形式，学生可以接触到最新的心理健康研究成果和前沿理论。专业人士或专家可以分享最新的科研进展，让学生了解到心理学领域的动态，培养他们对心理健康问题的关注和求知欲。此外，主题演讲和专题讲座为学生提供了一个与专业人士互动的机会。学生可以提出问题、分享观点，与专家进行深入的交流。这种互动能够促使学生更好地理解复杂的心理健康概念，并在实践中掌握应用技能。最后，这种形式有助于激发学生对心理健康的兴趣，为他们未来的学业和职业方向提供方向。学生有机会聆听成功专业人士的职业经验和故事，从而更好地规划自己的未来发展。总体而言，主题演讲和专题讲座作为心理健康教育的一种形式，通过引入专业知识和实践经验，为学生提供了更深层次的学习体验，有助于培养他们的专业素养和对心理健康问题的理解。

（2）团队建设活动在心理健康教育中扮演着重要的角色，通过定期组织班级团队建设活动，有助于促进学生之间的互动和合作，增强班级整体的凝聚力。首先，团队建设活动提供了一个促进学生间互动的平台。通过参与各种团队活动，学生能够更好地了解彼此的兴趣、特长和个性。这促使学生建立更加深厚的人际关系，有助于形成良好的班级氛围。其次，团队建设活动培养了学生的合作和团队合作能力。在团队中，学生需要共同解决问题、制订计划，这有助于锻炼他们的合作技能和团队协作精神。这些技能对于未来的学习和工作生涯都是非常关键的。此外，这种活动形式有助于增强班级整体的凝聚力。通过共同经历团队建设活动，学生之间的联系得以加强，形成更紧密的群体。这有助于提高班级整体的情感认同感，减少孤立感，为心理健康创造良好的社交环境。最后，团队建设活动也为学生提供了一种放松和娱乐的方式。通过参与富有趣味性的活动，学生能够释放压力、缓解紧张情绪，有益于他们的心理健康。总体来说，团队建设活动在心理健康教育中是一种全面有效的手段。它不仅促进学生之间的社交互动和合作，还培养了重要的团队合作能力，同时提高了班级整体的凝聚力，为学生的全面发展和心理健康作出了积极的贡献。

4. 社区层面的活动形式

（1）社区参与项目是一种促进学生社会责任感和团队协作精神的有益活动。通过鼓励学生参与心理健康相关的社区服务项目，可以培养他们对社会的关注，同时提升团队协作和人际关系技能。首先，参与社区服务项目可以提升学生的社会责任感。通过参与心理健康相关的项目，学生能够更加深刻地理解社会中存在的心理健康问题，增强对弱势群体的关注和同情心。这有助于培养学生的社会责任感，激发他们为社会贡献力量的积极意愿。其次，社区参与项目有助于培养学生的团队协作精神。在社区服务中，学生通常需要与其他志愿者、社区成员及专业人士合作。通过共同努力，他们能够培养协同工作、沟通协调的团队协作技能，提高解决问题和应对挑战的能力。此外，社区参与项目还能够为学生提供实践机会，将课堂所学应用于实际情境。这种实践性的经验有助于加深学生对心理健康问题的理解，并让他们在真实环境中锻炼和发展相关的专业技能。最后，参与社区服务项目也为学生提供了个人成长和发展的机会。通过参与社区服务，学生可以培养领导力、自我管理和解决问题的能力，进一步提升他们的综合素养。总体而言，社区参与项目是一种全面培养学生社会责任感和团队协作精神的有益活动形式。通过参与这样的项目，学生不仅可以服务社会，还可以提高自身的综合素养，为未来的学业和职业生涯打下坚实的基础。

（2）校外实践和实地考察是一种有益于学生发展的活动形式，通过参观心理卫生机构或参与社区心理健康活动，学生能够拓宽视野、获取实践经验，并将理论知识应用于实际情境。首先，校外实践和实地考察有助于学生拓宽视野。通过亲身参与实践，学生能够深入了解心理健康领域的实际运作和挑战。参观心理卫生机构或参与社区心理健康活动，使学生能够更全面地理解专业实践，同时也有助于他们更好地认知社会中存在的心理健康问题。其次，这种形式的活动为学生提供了与专业人士互动和交流的机会。在实地考察中，学生有机会与心理健康专业人士交流，了解他们的工作内容、面临的挑战及实际操作中的经验。这对于学生的职业发展和职业规划提供了实质性的启示。此外，校外实践和实地考察有助于学生将课堂所学的理论知识与实际情境相结合。通过在实践中应用理论，学生可以更好地理解课堂上学到的概念，并培养解决实际问题的能力。这种联系还有助于激发学生对专业领域的浓厚兴趣。最后，校外实践和实地考察提供了学生自我发现和成长的机会。在实践中，他们可能面临各种挑战和问题，通过克服这些困难，学生能够培养自我管理和解决问题的技能，提高综合素养。综合而言，校外实践和实地考察是一种促使学生理论与实践相结合的重要活动形式。通过这样的经验，学生能够更好地准备未来的职业生涯，并为他们的专业发展和个人成长提供深刻的体验。

5. 技术和创新的活动形式

（1）在线讲座和网络资源的利用是一种灵活而便捷的心理健康教育方式，通过在线平台提供课程，学生可以随时随地获取相关知识，具有以下几个优势：首先，这种形式的教育能够满足学生的个性化学习需求。学生可以根据自己的时间表和学习节奏选择合适的学习时机，从而更好地适应个体差异，提高学习效果。其次，在线讲座和网络资源的使用扩大了学生的学习范围。学生可以通过网络平台获取来自不同地区、不同背景的专业知识和经验，这有助于提供更全面、多元化的心理健康教育内容。此外，通过在线形式，学生可以自主选择感兴趣的主题，有针对性地深入学习，增加学习的针对性和实用性。这有助于培养学生的学习主动性和自我管理能力。在线讲座和网络资源还能够利用多媒体形式，如视频、音频、图表等，更生动地呈现心理健康知识，提高学生的学习兴趣。这样的形式也有助于满足不同学习风格的学生的需求。最后，通过在线形式，学生能够随时随地参与讨论和互动。这种互动有助于学生在学习过程中提出问题、分享观点，并与其他学生和教育者建立联系，形成学习社区。总体来说，利用在线讲座和网络资源进行心理健康教育具有时效性、个性化和跨地域性的优势，为学生提供了更灵活、便捷的学习体验。

（2）应用程序和虚拟现实体验为心理健康教育提供了创新而引人入胜的方式，通过技术手段提升学生的学习趣味和参与度，具有以下几个优势：首先，应用程序和虚拟现实体验能够增强学生的学习趣味。通过使用交互式的应用程序或虚拟现实体验，学生可以以更具吸引力的方式学习心理健康知识。这种形式的学习更具娱乐性，能够激发学生的学习兴趣，使其更愿意参与课程。其次，这种技术手段有助于提高学生的参与度。应用程序和虚拟现实体验通常设计有各种互动元素，例如模拟场景、虚拟角色等，可以激发学生的好奇心和主动参与。学生在参与中更容易深入理解心理健康概念，从而提高学习效果。此外，应用程序和虚拟现实体验可以提供更直观、实际的学习体验。通过模拟真实场景或情境，学生能够更深入地体验心理健康问题和解决方案，从而加深对知识的理解和应用。这种技术手段还有助于个性化学习。应用程序可以根据学生的学习进度和兴趣，提供个性化的内容和反馈，更好地满足学生的学习需求，使学习过程更贴近个体差异。最后，应用程序和虚拟现实体验可以提供实时反馈和评估。学生可以通过应用程序或虚拟体验获得即时的学习成果反馈，帮助他们了解自己的学习进展，激发学习动力。综合而言，应用程序和虚拟现实体验为心理健康教育注入了创新元素，提高了学习的趣味性和参与度。这种技术手段的运用有望更好地满足学生的学习需求，推动心理健康教育向更丰富、深入的方向发展。通过这些分层次的活动形式，心理健康教育课程能够满足不同层次、不同类型学生的需求，使其在个体、小组、班级和社会层面都能够得到全面的发展。

（三）心理健康教育课程组织形式的选择依据

心理健康教育课程组织形式的选择应该根据多方面的考虑，包括学生群体特点、教学目标、教育资源及现代科技的应用等因素。

1. 学生群体特点

学生群体的特点对于选择心理健康教育课程的组织形式至关重要。不同年龄段、学科背景和文化背景的学生具有不同的学习需求和习惯，因此应该根据这些差异选择合适的组织形式，以提高学习效果。不同年龄段的学生对于教育形式的接受程度和兴趣水平有很大差异。例如，青少年可能更喜欢活动性强、互动性强的形式，如小组讨论、角色扮演；而成年学生可能更倾向于深度的讲座和案例分析。因此，需要根据学生的年龄段选择适合的组织形式，以确保教育活动符合他们的认知水平和兴趣。如果学生来自不同的学科背景，他们对心理健康知识的理解程度和需求也会有所不同。例如，心理学专业的学生可能更容易理解深度的理论知识，而非心理学专业的学生可能更需要实际案例和生活中的应用。因此，应该选择既能满足专业学生深度学习需求，又能够让非专业学生容易理解的组织形式。学生的文化背景对于对教育形式的接受程度和反应方式也有影响。一些文化可能更注重集体合作，而另一些文化可能更注重个体表达。在选择组织形式时，应该考虑到学生的文化差异，确保活动既尊重各种文化，又能够为学生提供有效的学习体验。不同学生对心理健康主题的兴趣水平会有所不同。一些学生可能对理论知识更感兴趣，而另一些可能更关注实际应用和解决问题的能力。选择组织形式时，应该考虑到学生的兴趣点，以增强他们的参与度和学习动力。在考虑学生群体特点时，了解并尊重学生的差异，选择灵活且多样化的组织形式，能够更好地满足不同学生的学习需求，提高整体学习效果。

2. 教学目标

确立清晰的教学目标是设计心理健康教育课程的基础，而选择适当的组织形式应该与这些目标密切相关。如果课程的主要目标是传达理论知识，使学生理解心理健康的基本概念和理论框架，传统的课堂讲授可能是合适的选择。通过讲座、阅读材料等方式，学生可以系统性地学习心理学理论，建立理论框架，形成对心理健康问题的全面认识。如果课程的目标是培养学生的实践技能，使他们能够在实际生活中应对心理健康问题，那么更互动和实践的教学方法可能更为合适。例如，采用案例分析、角色扮演、小组讨论等形式，让学生在模拟场景中应用所学知识，培养实际解决问题的能力。如果教学目标是促进学生的自我反思和情感认知，以增强他们的心理健康意识和情绪管理能力，那么可以选择更注重个体体验和情感表达的组织形式。例如，通过写作、小组分享、艺术创作等方式，鼓励学生表达和探索自己的情感和信仰。如果教学目标包括培养团队合作和社交技能，那么可以采用小组讨论、团队建设活动等形式，通过合作解决问题，促进学生之间的互动和合作。如果希望激发学生的兴趣，培养主动学习的态度，那么可以引入更具趣味性和互动性的教学方法，如游戏化元素、虚拟实验等，提高学生的学习动力和积极性。总体来说，选择组织形式应该与教学目标一致，以确保课程的设计能够有效地实现既定的学习目标，并满足学生在知识、技能和情感认知等方面的发展需求。

3. 教育资源

学校或机构的教育资源是设计心理健康教育课程时需要充分考虑的因素。不同的资源状况可能影响到教学的组织形式。如果学校或机构拥有丰富的心理健康教育教材和学习资料，可以更灵活地设计课程。在这种情况下，可以采用更多的案例分析、小组讨论等互动性较强的组织形式，让学生更深入地理解和应用所学内容。了解学校或机构的教师和专业人才的情况，可以有针对性地选择组织形式。如果有丰富的专业人才，可以邀请专家举办讲座、策划工作坊等形式，提供更深度的专业知识。同时，合理分工和团队合作也是充分利用人力资源的一种方式。考虑到教室、实验室、户外场地等场地设施，可以选择适合的组织形式。例如，实验室可能更适合进行实际的心理健康技能培训，而户外场地可能适合展开团队建设和活动式学习。现代科技设备的运用也是一个重要的教育资源。如果有先进的教学技术设备，可以考虑采用在线讲座、虚拟实验等技术性较强的组织形式，提升教学效果。经费预算是一个实际制约因素，需要在设计课程时谨慎考虑。选择相对经济实惠但能够有效传递知识的组织形式，确保经费的最佳利用。教育资源的时间安排也是一个考虑点。如果时间有限，可能需要选择更为紧凑但高效的组织形式，以确保在有限的时间内完成教学目标。总体而言，充分了解和合理利用学校或机构的教育资源是设计心理健康教育课程时的关键因素。合理匹配资源和组织形式，能够提高教学效果，使学生在资源有限的情况下也能够得到充实和全面的学习经验。

4. 科技应用

科技应用在心理健康教育中发挥着重要的作用，能够提供更丰富、灵活、吸引人的学习体验。利用在线平台进行心理健康课程的讲座，可以打破地理限制，使学生随时随地参与学习。在线讲座可以通过直播或录制的方式呈现，结合图文并茂的内容，提高学生对心理健康知识的理解和记忆。制作专门的心理健康应用程序，提供互动性强、个性化的学习体验。应用程序可以包括学习游戏、测评工具、虚拟实验等，通过手机或平板等设备让学生在课堂之外也能进行有效学习。利用虚拟现实技术，创造出逼真的心理健康场景，让学生在虚拟环境中进行学习和实践。这种形式能够增强学生的沉浸感，提高学习的真实感和趣味性，特别适用于模拟实际场景的训练。利用在线平台建立课程社交群体，通过讨论板块、社交媒体等形式，促进学生之间的互动和合作。学生可以分享观点、经验，形成学习社区，增强学习的社交性。利用图像、音频、视频等多媒体形式呈现心理健康知识，增加学习的多样性。多媒体资料能够更生动地展现案例、实例，提高学生的学习兴趣。引入游戏化元素，设计心理健康知识的学习游戏，增加趣味性和竞争性。游戏化元素有助于激发学生的学习兴趣，提高他们的参与度。利用科技建设个性化学习平台，根据学生的学科背景、学习风格和兴趣，提供定制化的学习内容和进度，提高学习的个性化程度。综合利用这些科技手段，可以打造更具创新性和互动性的心理健康教育组织形式，使学生在学习心理健康知识的同时，能够充分体验科技带来的便利和乐趣。

5. 评估方式

选择合适的评估方式对于确保学生对心理健康教育课程的学习成果有全面客观的认知至关重要。如果课程强调理论知识的掌握，可以采用传统的笔试、选择题或问答题等形式进行考核。这有助于评估学生对基础知识的理解程度。对于侧重实践技能培养的课程，可以采用实际案例分析作为评估方式。学生通过分析实际情境，提出解决方案，以展示他们应对实际心理健康问题的能力。设计综合性项目作业，要求学生结合所学知识，展开研究或实践性工作。这种方式既考查学生的理论掌握，又考查他们将知识应用到实际情境的能力。利用口头演讲和展示评估学生对心理健康知识的理解和表达能力。这种方式可以更全面地考查学生对于主题的深度理解，并培养他们的表达和沟通技能。如果强调团队合作和社交技能的培养，可以采用小组项目，并对小组的合作效果进行评估。这有助于培养学生的协作和团队合作能力。对于强调实践经验的课程，可以要求学生进行实地实习或观察，并通过实地经验来评估他们的实际工作能力和应对心理健康问题的能力。如果采用在线平台进行学习，可以通过在线讨论、互动活动等形式对学生的参与度和互动效果进行评估。鼓励学生进行自我评估和反思，通过写作、反思作业等方式了解他们对于心理健康课程的个人认知和收获。在选择评估方式时，应该根据教学目标、学生群体特点，以及教育资源等因素进行综合考虑，确保评估方式能够全面、客观地反映学生在心理健康教育课程中的学习成果。

6. 社会需求和趋势

社会需求和趋势是设计心理健康教育课程组织形式时需要综合考虑的重要因素。

如果社会对心理健康问题的关注点主要集中在社区层面，可以选择组织形式涵盖社区参与项目。通过与社区合作，让学生参与心理健康相关的社区服务项目，以提升他们的社会责任感和实际应用能力。考虑到社会对实际心理健康情况的需求，可以采用实地考察的形式。安排学生参观心理卫生机构、参与社区心理健康活动，以拓宽他们的视野和实践经验，使课程更贴近社会实际。鉴于社交媒体在现代社会中的普及，可以考虑通过社交媒体平台建立学习社群，促进学生之间的互动和信息分享。这种形式更符合社交化的学习趋势，使得学习能够与社交更好地融合。关注社会对新兴心理健康问题的关切，例如数字化生活、社交媒体影响等，选择组织形式使得学生能够更深入地了解并处理这些新兴问题。如果社会对跨学科合作的需求较大，可以设计跨学科的组织形式。例如，与其他专业领域的课程合作，培养学生多方面的知识和技能，以满足社会对全面发展人才的需求。考虑到社会对心理健康知识实际应用的需求，可以选择更加实用性强的组织形式，例如案例分析、角色扮演等，使学生能够更好地应对实际生活中的心理健康问题。如果社会对心理健康意识的培养有较高的需求，可以选择组织形式注重培养学生的情感认知、自我调节和心理健康维护的能力，使他们更具心理健康意识。在关注社会需求和趋势时，选择合适的组织形式能够使心理健康教育更具针对性和实际意义，更好地服务于社会的发展和需求。

7. 可持续性和长期效果

确保心理健康教育课程的可持续性和长期效果是非常重要的，需要选择能够培养学生长期心理健康的组织形式。选择富有趣味性和互动性的组织形式，能够激发学生的学习兴趣。这有助于培养学生对心理健康知识的持续关注和学习动力。通过小组讨论、团队建设等形式，帮助学生建立稳固的社交网络。这样的社交网络不仅有助于学生之间的互动，还能提供长期的支持和合作平台。引入个性化学习的组织形式，允许学生根据自己的兴趣和需求进行学习。个性化学习可以增强学生的学习自主性，使其更乐意持续参与学习过程。通过实际案例分析、角色扮演等形式培养学生实践技能。这种实践性的学习有助于学生在实际生活中应用所学，形成长期的行为习惯。促使学生进行反思和自我调适的组织形式，使他们能够不断认识自己的情感状态、调整心理健康策略，从而形成长期的自我调适机制。设计支持系统，包括学术支持、心理支持等，为学生提供持续的帮助。这样的支持系统可以在学生遇到困难时提供支持，促使他们在心理健康领域持续学习和成长。确保学校或机构提供持续的心理健康教育资源，包括更新的教材、专业人才的支持等。这有助于持续提供学生所需的信息和指导。设计定期的跟进和评估机制，了解学生在心理健康领域的发展情况。这有助于及时调整教学策略，确保长期效果的实现。考虑到这些因素，选择组织形式时应注重培养学生长期心理健康的能力和意识，以实现课程的可持续性和长期效果。综合考虑这些因素，能够更好地选择适合特定情境和学生群体的心理健康教育课程组织形式，从而更有效地实现教育目标。

（四）心理健康教育课程教学应以教师为主导、以学生为主体

在心理健康教育课程的教学中，教师和学生扮演着不同但同等重要的角色。

1. 教师为主导

（1）专业知识传递。教师在心理健康教育中是专业知识的传递者。他们负责引导学生深入理解心理健康的基本概念、理论框架和实践技能。通过课堂讲解、案例分析等形式，教师能够向学生传递心理学领域的专业知识。

（2）课程设计和组织。教师在课程设计和组织方面发挥主导作用。他们根据学科要求、学生需求，以及教育目标，设计具有层次和系统性的心理健康教育课程。通过科学的组织形式，教师能够确保课程内容的合理安排，使学生能够系统性地学习心理健康知识。

（3）指导和辅导。教师还在学生学习过程中发挥指导和辅导作用。通过个别辅导、集体讨论等方式，教师可以更加个性化地引导学生，解答他们在学习中遇到的问题，确保每个学生都能够理解和应用所学的内容。

2. 学生为主体

（1）主动参与学习。学生在心理健康教育中是学习的主体。他们需要积极参与学习过程，主动获取知识，发展实践技能。通过参与小组讨论、实地考察、个人研究等形式，学生能够更好地理解和应用心理健康知识。

（2）个性化学习。每个学生都具有独特的学习需求和风格。在心理健康教育中，学生的个性化学习是非常重要的。他们可以根据自己的兴趣和需求选择课程内容，通过个性化的学习路径提高学习效果。

（3）社交互动。学生之间的社交互动是心理健康教育中的重要组成部分。通过小组讨论、团队项目等形式，学生可以相互分享经验、观点，建立支持性的社交网络。这有助于培养他们的社交技能和团队合作精神。

（4）自主学习和反思。学生需要培养自主学习和反思的能力。在心理健康教育中，通过反思和自我评估活动，学生能够更深入地了解自己的情感、信仰和价值观，形成

73

积极的心理健康态度。

3. 教师与学生的互动

教师和学生之间的互动是教学过程中至关重要的一环。教师应该成为学生学习过程中的引导者和激励者，鼓励学生主动思考、发表观点，促进教学过程的互动性，使学习更为深入和有趣。

综合而言，心理健康教育应该实现教师的主导与学生的主体相结合，使教学过程更为丰富、灵活，既满足专业知识的传递，又促进学生的主动学习和综合素养的培养。

二、心理健康教育课程的设计原则

（一）个性化原则

在心理健康教育课程设计中，个性化原则是至关重要的。它包括两个方面的考虑，即设计灵活的学习路径和提供个体差异关怀。设计灵活的学习路径是指根据学生的个体差异，为他们提供多样化、灵活的学习选择。引导学生根据自身兴趣选择相关的学习内容。通过提供多样的主题或选修课程，满足学生个体化的学科偏好。鼓励学生制订个人学习计划，根据自己的学科需求和目标，选择适合自己的学习路径。这有助于培养学生的学习自主性。提供多样化的教材和资源，包括文字、视频、案例分析等，以满足不同学生对学习材料的个体化需求。提供个体差异关怀是指根据学生的心理状态、学科背景等因素，制订差异化的教学计划和支持措施。这可以通过以下方式实现：提供个别辅导，根据学生的学业情况和心理状态，提供专门的辅导计划，帮助其更好地理解和应用所学内容。设计定期的反馈机制，了解学生对课程的理解程度和学习体验。根据反馈结果，调整教学策略，满足学生的个体化需求。针对学生的心理状态，提供心理健康支持和咨询服务。确保学生在学业和心理健康方面得到全方位的关怀。通过实施个性化原则，不仅可以提高学生的学习兴趣和积极性，还能更好地满足他们在心理健康教育方面的个体差异和需求。这有助于培养学生全面发展和心理健康维护的能力。

（二）实践导向原则

实践导向原则在心理健康教育课程设计中占据重要地位。教学内容和方法应注重实际应用，以激发学生的实践兴趣和解决问题的能力。这可以通过以下方式实现：提供真实案例，让学生通过分析案例，运用所学知识解决具体心理健康问题。这有助于将理论知识转化为实际操作能力。利用角色扮演活动，让学生模拟真实生活中的情境，培养他们在实际情境中解决问题的能力，尤其是在社交场合的心理健康技能。让学生在真实场景中应用心理健康知识，培养实践经验和解决问题的能力。与社区、心理健康机构等合作，安排学生参与实际项目。这种实际参与能够让学生更深入地理解和体验心理健康领域的工作。安排学生进行实地考察，参观心理卫生机构、社区心理服务中心等地，让他们直观地了解心理健康工作的实际情况。实践导向的教学不仅能够让学生在实际操作中巩固所学知识，还能培养他们的解决问题和创新思维能力。通过实践，学生能够更好地理解和适应心理健康领域的挑战，为未来的实际工作做好准备。

（三）互动性原则

互动性原则在心理健康教育中的应用可以通过学生之间的互动和教师与学生之间的积极互动来实现。定期组织小组讨论，让学生分享彼此的观点、经验和解决问题的方法。这有助于建立学习社区，促进知识的共享和合作学习。设计团队项目，要求学生合作完成任务。通过团队合作，学生不仅可以互相支持，还能够培养团队合作和沟通技能。引导学生参与社交活动，如模拟社交场景、团队建设等。通过这些活动，学生能够提高社交技能，增强自信心。提供个别辅导机会，让学生能够直接与教师互动。这有助于了解学生的学习需求，提供更为个性化的支持。设计定期的反馈机制，包括学术进展、参与度等方面的反馈。通过定期的互动，教师能够更好地了解学生的学习状态，及时提供帮助和建议。在课堂上鼓励学生提问和参与讨论，创造积极的互动氛围。这有助于激发学生的学习兴趣，促进深层次的理解。通过互动性原则的应用，学生不仅能够在学术上获得更多的支持和启发，还能够建立起积极的学习社区，增强对心理健康知识的共同理解和应用。

（四）跨学科合作原则

跨学科合作原则是为了确保心理健康教育课程能够更全面、深入地涵盖各个方面的知识，丰富学生的学习体验。整合心理学、医学、社会学等多个学科的知识，以提供更全面的心理健康教育。例如，结合心理学理论解释，医学方面的心理健康治疗方法，以及社会学对心理健康社会影响的研究。邀请来自不同领域的专业人士参与教学，提供实际经验和专业见解。这可以通过邀请心理学家、医生、社会工作者等专业人士进行讲座或参与实践项目来实现。推动学生参与跨学科研究项目，让他们有机会深入研究心理健康问题，并从不同学科的角度进行分析。这有助于培养学生的研究能力和跨学科思维。与其他学科的教师合作，联合设计相关课程。例如，与医学院合作设计关于心理健康与身体健康的课程，以促进学科间的知识交流。开展跨学科的综合性项目，要求学生整合不同学科的知识解决实际心理健康问题。这有助于培养学生的创新思维和问题解决能力。通过跨学科合作，学生能够更全面地理解心理健康问题，从不同学科角度获取知识，并培养综合素养。这种综合性的教学方法有助于提高学生的学科综合能力，使其更好地适应未来复杂多变的社会环境。

（五）科技整合原则

科技整合原则在心理健康教育中的运用可以为学生提供更为创新和互动的学习体验。利用现代科技手段，设计在线讲座和虚拟实境体验，以提升学生的学习体验。通过虚拟实境，学生可以更直观地体验心理健康场景，增强理解和应用能力。探索和采用创新的教学方法，如基于游戏的学习、虚拟实验等，以激发学生的学习兴趣和参与度。利用在线平台，分享丰富的心理健康教育资源，包括文献资料、视频、在线测试等。这样学生可以随时随地获取相关知识，方便灵活地学习。开发心理健康应用程序或虚拟现实体验，使学生可以通过应用程序获取额外的学习资源，或通过虚拟现实体验进行沉浸式学习。利用在线协作工具促进学生之间的合作和互动。这可以包括在线讨论论坛、协作文档编辑等方式，增强学生的团队协作能力。通过科技整合原则，心理健康教育可以更好地适应数字时代学生的学习方式，提高课程的吸引力和互动性。这也为学生提供了更为便捷、丰富的学习资源，使其更主动地参与学习过程。

（六）社会参与原则

社会参与原则的应用旨在培养学生的社会责任感和实际经验，使他们更好地融入社会。鼓励学生参与心理健康相关的社区服务项目。这可以包括志愿服务、心理健康宣传活动等，让学生亲身体验并贡献于社会。引导学生反思心理健康与社会责任的关系。通过课程内容，激发学生对社会问题的关注，培养他们关心社会、乐于助人的态度。建立学生社会反馈机制，通过调查、讨论等方式了解社会对心理健康问题的需求。这有助于使课程内容更贴近社会实际需求，提高课程的实效性。与社会组织、心理健康机构建立合作伙伴关系。这样可以为学生提供更丰富的实践机会，同时让课程更紧密地与社会实践相结合。设计社会影响力项目，鼓励学生提出并实施解决心理健康问题的创新方案。通过这样的项目，学生能够将所学知识应用于实际问题，同时为社会做出积极贡献。通过社会参与原则，学生不仅能够学到理论知识，还能够将其转化为实际行动，培养社会责任感和实际解决问题的能力。这样的实践经验不仅对学生个人的成长有益，也能够对社会产生积极的影响。

三、心理健康教育课程设计的步骤

（一）需求分析

1. 学生群体特征

学生群体特征的了解是心理健康教育课程设计的第一步，对于确保教学的有效性至关重要。学生的年龄阶段直接影响其心理发展和认知水平。不同年龄段的学生具有不同的学习风格、需求和兴趣。例如，青少年可能更注重对身份的探索和社交关系，而成年学生可能更注重实际应用和职业发展。因此，课程设计应根据不同年龄段的学生特点调整内容和教学方法。学生来自不同的文化背景，这意味着他们具有不同的价值观、信仰和习惯。了解学生的文化背景有助于设计能够尊重和包容多元文化的教学内容。通过融入不同文化的案例、实例，可以增加学生对心理健康问题的理解和接受度。学生可能具有不同的学科背景，这会影响他们对心理健康知识的理解和应用。例如，社会科学背景的学生可能更熟悉心理学理论，而医学背景的学生可能更关注心理健康治疗方法。课程设计应考虑到学科差异，以确保内容对各个学科背景的学生都具有吸引力和实用性。学生在个性、学习风格、认知能力等方面存在差异。了解这些个体差异可以帮助教师采用多样化的教学方法，以满足不同学生的需求。个体差异也需要考虑到评估方式的选择，以确保公平性和客观性。通过深入了解学生群体特征，教育者可以更有针对性地设计心理健康教育课程，使其更具吸引力和实用性，同时能够满足学生的多元需求。

2. 学科要求

学科要求的确认是心理健康教育课程设计中至关重要的一步。确认心理健康教育所需的学科知识，包括心理学的基本理论、心理健康领域的研究成果、常见心理障碍的认知等。这有助于确保课程内容具有学科深度和专业性。确认学生需要掌握的心理健康相关技能，例如沟通技能、问题解决技能、应对压力的技能等。课程设计应该注重培养这些实际操作的技能，使学生能够将所学知识应用到实际生活中。识别心理健康领域的核心概念，例如心理健康与心理疾病的定义、心理社会因素对健康的影响等。确保课程涵盖这些核心概念，使学生能够建立对心理健康领域的整体认识。考虑心理健康教育与其他相关学科的融合。这可能涉及心理学、医学、社会学等多个学科的交叉，以提供更全面的学科视角。遵循相关的心理健康教育标准和指南，以确保课程设计符合专业标准。这包括国家或地区的心理健康教育框架、学科标准等。通过确认学科要求，教育者能够更好地理解学科的深度和广度，确保课程内容既符合学科规范，又能够满足学生的学习需求。这有助于确保心理健康教育课程在学科领域中具有可持续性和专业性。

3. 社会需求和趋势

了解社会对心理健康的需求和趋势对于课程设计至关重要。进行社会需求分析，了解社会对心理健康教育的实际需求。这可能包括对心理健康问题的关注程度、社会对心理健康知识的认知水平及对相关技能的需求等方面。考查当前社会中存在的心理健康问题普及情况。这有助于确定课程内容的紧迫性和实用性，使学生能够应对当前社会中普遍存在的心理健康挑战。了解社会对心理健康教育的期望和态度。这可能涉及对心理健康问题的社会认知，以及对心理健康教育的期望，例如希望学生具备怎样的心理健康素养和技能。分析社会变革和趋势，如科技发展、社交媒体的普及等，对心理健康产生的影响。这有助于设计能够应对社会变革的心理健康教育，使其更具适应性。考虑社会的多元文化特点，以确保课程内容不仅贴近主流社会的需求，还能够尊重和包容不同文化背景下的心理健康观念。通过对社会需求和趋势的深入了解，教育者可以更好地调整课程内容，使其能够及时反映社会的实际情况，满足学生和社会对心理健康教育的期望。这有助于确保课程的实用性和社会适应性。

（二）设计理念确定

1. 教育目标明确

教育目标的明确是心理健康教育课程设计的基础，它涉及课程所追求的具体成果和影响。设定明确的目标，确保学生能够掌握心理健康领域的基本理论和知识。这可能包括对心理学原理、常见心理健康问题的认知、相关研究成果等方面的传授。确定课程中要培养的实际操作技能，以使学生能够应对现实生活中的心理健康挑战。这可能包括沟通技能、情绪管理技能、解决问题的能力等。确保课程目标涵盖培养学生的心理健康素养，使其具备良好的心理健康意识、情感管理能力、自我认知和人际关系技能等。这有助于学生在面对生活压力和挑战时更好地适应和成长。在整体目标的基础上，考虑到学生的个体差异，允许个性化的目标设定。这可以通过灵活的学习路径、个性化辅导等方式实现，以更好地满足不同学生的需求。考虑课程对学生长远发展的影响，包括对其职业生涯、人际关系、社会参与等方面的积极影响。确保课程目标有助于培养学生全面的心理健康素养，产生长期的正面影响。通过明确这些教育目标，教育者可以更有针对性地设计课程内容和教学方法，确保学生在知识、技能和心理健康素养等方面都能够得到全面的提升。这有助于课程的有效性和对学生的实际帮助。

2. 教学理念选择

教学理念的选择对于心理健康教育课程的成功实施至关重要。如果课程的主要目标是传授心理健康领域的理论知识，那么强调理论传授的教学理念可能是合适的。这种理念下，课程可以以讲座、阅读材料、专题讲座等形式进行，使学生深入理解心理学的基本原理和相关概念。如果课程更侧重于培养学生实际操作的技能，例如沟通、情感管理、问题解决等，那么注重实践技能培养的教学理念可能更为适合。通过案例分析、角色扮演、实地实习等方式，学生可以在真实场景中应用所学的心理健康知识和技能。在实际教学中，通常最为有效的方式是在理论传授和实践技能培养之间取得平衡。综合平衡的教学理念旨在兼顾理论知识的传授和实际技能的培养。这样的课程可以通过结合讲座、小组讨论、案例分析、实践活动等多种教学方法，使学生全面发展。强调学生的主体参与，将学生作为学习的主导者。通过启发式教学、小组合作、学生项目等方式，激发学生的学习兴趣和主动性，促使他们更深入地参与心理健康学科。以问题为导向，通过引导学生解决实际心理健康问题的过程来推动学习。这种理念下，学生在解决问题的过程中学习理论知识和实际技能。选择适合学生群体和学科特点的教学理念是个性化和差异化教学的基础。通过结合不同的教学理念，可以更好地满足学生的多元需求，提高教学的有效性。

（三）课程结构设计

1. 内容划分

将心理健康教育的内容划分为不同的模块或单元是设计课程的关键步骤。创建一个基础理论模块，介绍心理学的基本概念、心理健康的定义、心理发展阶段等内容。这为学生提供了理论框架，使他们能够理解心理健康的基础知识。设计一个单元，专注于心理健康问题的识别和理解。包括常见心理障碍、应对压力的方法、心理健康与生活质量等方面的内容，以增加学生对心理健康问题的认知。将情绪管理和自我调节作为一个重要单元，教授学生如何认识和管理自己的情绪。这可能包括情感智力的培养、冥想技巧、放松方法等。创建一个关于人际关系和沟通技能的单元，帮助学生建立良好的人际关系、提高沟通效果，从而促进心理健康。设计一个单元，侧重于应对生活中的压力和逆境。包括应对策略、心理韧性的培养、逆境中的成长等内容。强调心理健康的积极方面，包括心理健康的促进、预防心理健康问题的方法，以及如何维护心理健康。设置一个实践技能培养的模块，让学生通过实际活动和案例练习所学到的理论知识和技能，提高他们在实际生活中的应用能力。设计一个关于个人成长和发展的单元，鼓励学生进行自我探索，设定个人发展目标，培养自我领导力。结合前述内容，设计综合案例分析和实践项目，让学生能够将所学知识和技能应用到实际场景中，提升他们的综合应用能力。确保每个单元都有机地连接在一起，形成一个连贯的课程框架。内容划分的合理性和有机连接有助于学生更好地理解心理健康的全貌，并培养他们全面的心理健康素养。

2. 教学方法选择

通过讲座形式传递理论知识，适用于介绍基础概念、理论框架和重要原则。讲座能够向学生提供系统性的信息，帮助他们建立对心理健康领域的整体认识。利用小组讨论激发学生思考，促使他们分享观点和经验。小组讨论有助于培养学生的批判性思维和团队合作能力，同时提供交流和学习的机会。通过案例分析，学生可以将理论知识应用到实际情境中，培养解决问题的能力。案例分析可以涵盖不同的心理健康问题，让学生更深入地理解复杂情境。实践活动包括角色扮演、模拟演练等，使学生能够在模拟环境中应用所学的技能。实践活动有助于将理论转化为实际操作，加深学生的理解和掌握程度。利用互动式学习方法，如问答、小组互动等，提高学生的参与度和主动学习的动机。这有助于激发学生的兴趣，促进知识的深层次理解。安排实地考察，让学生亲身经历心理健康机构、社区服务项目等。实地考察能够拓宽学生的视野，让他们了解实际工作环境和社区资源。提供个性化辅导，根据学生的学习需求和兴趣，进行有针对性的指导。个性化辅导有助于满足不同学生的学习差异，提高个体学习效果。利用在线平台提供课程内容，使学生能够随时随地获取相关知识。在线学习可以结合视频讲座、在线讨论等方式，增加灵活性和便捷性。设计及时的反馈机制，通过作业评价、小测验等方式对学生的学习进行反馈。反馈有助于学生及时纠正错误，加深对知识点的理解。选择合适的教学方法需要考虑到学科要求、学生群体特点和教学目标。综合运用多种教学方法，能够更好地满足不同学生的学习需求，提高教学效果。

3. 评估方式确定

设计定期的考试和测验，以评估学生对心理健康理论知识的掌握程度。可以包括选择题、问答题等形式，以检验学生的理论学习成果。安排项目作业，让学生应用所学的理论知识和实践技能解决实际问题。项目作业有助于评估学生的综合能力和创造性思维。通过实践活动、角色扮演等方式，评估学生在实际操作中的表现。实践表现评估可以考查学生的沟通技能、情绪管理能力等实际技能。设计小组项目，评估学生在小组合作中的贡献和团队合作能力。小组项目评估有助于培养学生的协作精神和团队合作技能。要求学生进行个人反思和总结，通过写作、口头表达等方式，表达对课程学习的理解和体会。个人反思有助于学生深入思考所学内容，并展示个人成长和发展。对实地考察进行评估，要求学生撰写实地考察报告。报告可以包括对所见所闻的总结、对实际情况的分析，以及对心理健康服务机构的评价等内容。综合考虑学生在课堂讨论、小组活动等中的参与度，评估学生的积极参与程度。参与度评估有助于衡量学生对课程的投入和兴趣程度。结合多种评估方式，进行综合评估，并向学生提供及时的反馈。综合评估能够全面了解学生的学习状况，反馈有助于学生及时调整学习策略。在小组项目或实践活动中引入同行评价机制，让学生互相评估合作伙伴的贡献和表现。同行评价有助于培养学生的团队协作和评估能力。通过选择多样化的评估方式，可以更全面地了解学生在心理健康教育课程中的学习成果。同时，通过及时的反馈和评估，有助于学生更好地调整学习策略，提高学习效果。

（四）资源准备和整合

1. 教材选择

教材选择确实是教学中至关重要的一环。要根据课程内容和学生水平来挑选教材，确保内容既贴近课程目标，又能够满足学生的学习需求。这就需要教师对课程和学生有深刻的了解，以便有针对性地选择合适的教材。此外，结合在线资源和实践案例也是个不错的思路。网络上的资源丰富多样，可以为教学提供更多的参考资料和案例分析。通过引入实践案例，学生能够更好地将理论知识与实际应用结合起来，促使他们更深入地理解所学内容。总的来说，教材的选择应该是一个综合考量的过程，充分考虑课程目标、学生水平和教学环境等因素，以提高教学效果。

2. 实践资源准备

准备好足够的实践资源对于课程的成功进行实践活动至关重要。首先，确保有充足的实验器材，这样学生在实践中能够直观地理解和应用课程中的理论知识。实验器材的质量和数量都会影响到学生的实际操作体验，因此在这方面要有充分的考虑和准备。另外，如果课程需要进行实地考察，就需要提前制订详细的实地考察计划。这包括选择合适的实地考察地点、制定行程安排、准备必要的安全设备等。确保实地考察计划科学合理，有助于提升学生对实际问题的认知水平，加深他们的学习体验。总体而言，实践活动是课程中巩固理论知识、培养实际操作能力的关键环节。通过充分准备实践资源，可以提高学生的学习兴趣，促使他们更好地理解和应用所学内容。

3. 科技应用整合

科技应用整合在教育领域中发挥着重要的作用。通过利用现代科技手段，可以提升学生的学习体验和参与度。首先，整合在线平台能够为学生提供更灵活的学习方式。在线学习平台可以提供多样化的学习资源，包括视频教程、在线讨论板等，帮助学生随时随地获取学习资料，灵活安排学习时间。

应用程序的整合也是一种重要的方式。通过开发教育应用程序，可以提供互动性强、生动有趣的学习内容。这有助于激发学生的学习兴趣，提高他们的学习动力。应用程序还可以通过游戏化设计，使学习过程更加轻松愉快，从而增加学生的参与度。

另外，利用科技手段可以实现更为个性化的教学。通过学习分析和数据挖掘技术，可以获取学生的学习数据，为教学提供有针对性的反馈和支持。这有助于满足不同学生的学习需求，提高教学的效果。

总体而言，科技应用整合为教育提供了丰富的可能性，可以创造更为灵活、个性化的学习环境，提高学生的学习体验和参与度。

（五）实施和调整

1. 教学实施

开始实施心理健康教育课程是一个令人兴奋的过程。首先，确保你准备好了设计好的课程结构和教学方法。这包括教材、课堂活动、评估方式等方面的准备工作。在实施阶段，注重与学生的互动。采用多样化的教学方法，例如小组讨论、案例分析、角色扮演等，以促使学生积极参与。心理健康教育涉及的主题通常比较敏感，因此营造一个开放、支持的学习环境非常重要，让学生感到安心分享和讨论。确保在课堂中引入实际案例和应用场景，让学生能够将理论知识与实际生活联系起来。这有助于加深他们对心理健康概念的理解，并提升实际应用的能力。定期进行评估和反馈，以了解学生的学习进展并及时调整教学策略。这可以通过小测验、课堂参与评分、学生反馈等方式实施。及时的反馈有助于你更好地了解学生的需求，使课程更具针对性和效果。最后，保持对课程的热情和关注。心理健康教育是一项挑战性但有意义的任务，你的热情和关怀将激发学生对这一主题的兴趣，同时也促使他们更深入地参与学习。

2. 定期评估和调整

定期评估和调整是一个不可或缺的教学过程中的环节。首先，收集学生反馈是非常关键的。通过定期的问卷调查、小组讨论或面对面的交流，了解学生对课程的感受、意见和建议。这能够提供有价值的信息，帮助你理解学生的需求和期望。其次，收集学习成果数据也是评估的一部分。考虑使用定期的测验、作业和项目评估学生的学术表现。这样的数据可以帮助你了解学生在课程中所取得的进展，看到哪些方面可能需要更多的关注和支持。根据评估结果，进行及时的调整是非常关键的。这可能包括调整教学方法，采用更适应学生需求的教学策略；调整课程内容，确保它与学生的背景和兴趣相契合；或者调整教学资源，引入更多生动有趣的案例、实例或多媒体资料。调整教学不仅需要灵活性，还需要反思和创新。通过不断优化课程设计，你可以提高教学效果，让学生更好地理解和应用所学内容，提高他们的学习体验。总体而言，定期评估和调整是教学中的一项重要策略，有助于持续提高课程的质量和学生的学习成果。

第二节　心理健康教育课程目标设计

一、心理健康教育课程目标构成

心理健康教育课程的目标构成涉及明确定义的学习目标，以确保课程的有效性和学生的全面发展。以下是构成心理健康教育课程目标的主要方面。

（一）认知目标

认知目标在心理健康教育中起着重要的作用。学生通过达到这些目标，能够建立对心理健康领域的扎实理论基础，具体包括以下方面：学生应该理解心理学的基本概念和原理，包括心理学的定义、研究方法、主要理论流派等。这为他们后续学习提供了必要的框架。学生需要了解常见的心理健康问题，如焦虑、抑郁、压力等。这包括这些问题的定义、症状、影响因素等。通过对这些问题的认知，学生能够更好地理解和同情那些可能面临这些问题的人群。学生应该具备对心理健康领域相关研究的理解能力。这可能包括最新的心理学研究成果、干预方法的效果研究等。通过了解研究成果，学生可以更好地理解心理健康领域的前沿动态，为将来的实践提供科学依据。在达到这些认知目标的过程中，可以采用多样化的教学方法，如讲座、小组讨论、案例分析、阅读文献等，以促使学生全面理解和应用心理健康知识。

（二）技能目标

技能目标在心理健康教育中是非常关键的一部分，因为它们直接关系到学生在实际生活中如何应对心理健康挑战。学生应该培养有效的沟通技能，包括倾听、表达情感、与他人建立支持性关系等。这对于在心理健康领域中与他人有效交流和协作至关重要。学生需要学会认识、理解和管理自己的情感。这包括情感的识别、积极的情感表达、情感调节等方面的技能。这对于提高情感健康和应对生活中的压力至关重要。学生应该培养解决心理健康问题的能力，包括分析问题、找到有效的解决方案、制订可行的计划等。这种能力对于面对各种生活挑战和应对心理困扰至关重要。学生需要学习应对生活中的压力和逆境，包括制订积极的策略、保持乐观态度、寻求支持等。这有助于提高他们的心理韧性和适应能力。通过采用模拟情境、角色扮演、小组合作等教学方法，可以有效培养学生的实际应用技能，使他们在面对实际生活中的心理健康问题时更具备应对能力。

（三）情感目标

情感目标在心理健康教育中具有重要性，因为情感健康对整体的心理健康至关重要。学生应该发展和提高情感智力，包括对自己和他人情感的认知、理解和运用情感信息的能力。这有助于他们更好地理解和应对情感反应。学生需要学会有效地调节自己的情感，包括积极的情感表达、情感转移、应对情感困扰的方法等。这对于维护情感健康和提高抗压能力非常关键。学生应该培养积极的情感态度，包括乐观、感恩、宽容等。这种积极的情感态度有助于提高生活质量，增强对生活的满足感。学生需要培养对他人情感的敏感性和理解力，建立同理心，以更好地与他人建立良好的关系。通过采用情感教育、心理健康辅导等方式，可以促使学生更加全面地认知、理解和表达自己的情感，从而实现情感目标。这有助于他们更健康地管理情感，提高生活质量。

（四）社交目标

社交目标在心理健康教育中起着至关重要的作用，因为良好的人际关系对于心理健康至关重要。学生应该培养积极的人际关系技能，包括有效的沟通、倾听能力、解决冲突的能力等。这有助于他们在社交互动中更好地理解和被理解。学生需要学会在团队中协作，尊重他人的观点，有效地与他人合作完成任务。团队合作有助于培养学生的集体责任感和共同体意识。学生应该培养积极的社交行为，包括友善、尊重、支持他人等。这有助于建立积极的人际关系，提高社交支持的质量。学生需要学会主动寻求社交支持，理解社交支持对心理健康的积极影响。建立健康的社交支持系统有助于应对生活中的各种挑战。通过采用小组活动、合作项目、角色扮演等社交性的教学方法，可以促使学生更好地发展社交技能，从而实现社交目标。这有助于他们建立良好的人际关系，增强社交支持系统，提高心理健康水平。

（五）自我管理目标

自我管理目标在心理健康教育中具有关键意义，因为学生通过有效的自我管理能力可以更好地应对生活中的各种挑战。学生需要学会有效地管理生活中的压力。这可能包括制订合理的时间管理计划、采用积极的应对策略、学会放松和恢复的技能等。学生应该培养自我调节的能力，包括情感调节、注意力调节等。这有助于他们更好地掌控自己的情绪状态和注意力焦点。学生需要提高对自己心理健康的自我认知，包括了解自己的情感状态、个性特点、优势和成长点等。这种自我认知有助于更好地理解自己的需求，采取适当的自我管理策略。学生应该学习设定可行的目标，并采取实际的步骤去实现这些目标。这有助于培养他们的自我控制和成就感。通过采用反思练习、自我评估工具、自我调节训练等方式，可以帮助学生逐步达到这些自我管理目标。这有助于他们更好地应对生活中的挑战，提高心理健康水平。

（六）社会责任目标

社会责任目标在心理健康教育中是非常有价值的，因为个体的心理健康与社会的健康密切相关。学生应该培养对社会的责任感，了解自己在社会中的角色和影响。这有助于塑造他们的价值观，使其在行为中考虑到社会的整体福祉。学生需要学会参与社区服务，为社会贡献自己的力量。通过参与志愿者活动、社区项目等，他们能够体验到为他人服务的愉悦感，同时建立与社区的联系。学生可以通过社会参与来推动心理健康的社会变革。这可能包括倡导心理健康意识、支持有关心理健康的政策变革等。学生应该培养对多样性的尊重和包容性，不仅在个体层面，也在社会层面。这有助于建立更加公正、包容的社会环境。通过采用社区服务项目、社会参与活动、社会责任教育等方式，可以帮助学生逐步达到这些社会责任目标。这有助于培养学生成为积极参与社会的公民，为心理健康和社会的繁荣作出贡献。构成心理健康教育课程目标的这些方面共同确保学生在认知、情感、社交等多个层面得到全面发展，从而更好地应对各类心理健康挑战。

二、心理健康教育课程目标设计要求

（一）课程目标要明确

目标应该以清晰简明的语言表达，避免模糊或抽象的表述，确保学生和教育者都能理解其含义。目标需要具体而详细，明确涉及的知识、技能和行为。这有助于更好地指导教学和评估学生的学习成果。目标应该与课程内容紧密关联，确保学生在实现目标的过程中真正获得对心理健康的全面理解。目标应该考虑学生的年龄、认知水平和经验，确保它们既具有挑战性，又不过于超出学生的理解范围。目标需要是可测量的，以便能够评估学生是否达到了这些目标。设定明确的评估标准和指标，以量化学生的表现。目标应该与社会和个体的实际需求相关。考虑到学生在现实生活中可能面临的心理健康问题，确保目标对他们有实际帮助。目标应该具有一定的挑战性，鼓励学生超越自己的舒适区，实现更高水平的心理健康。目标应该激发学生的兴趣，使他们愿意投入到学习中。这有助于提高学习动力和效果。确保这些方面的明确性将有助于课程目标的成功实现，从而为学生提供有益的心理健康教育。

（二）课程目标要系统

在设计心理健康教育课程目标时，需要确保目标是系统的，这意味着它们应该在整个课程中相互关联、相互支持，形成一个完整的体系。这样的系统性有助于提供一种有序、有意义的学习经验，使学生能够在不同方面全面发展。系统性的心理健康教育课程目标可能包括认知、技能、情感、社交、自我管理和社会责任等多个层面。这些目标在设计时需要相互补充，确保学生在各个层面都能够得到全面的发展。例如，认知目标可以涉及学生对心理健康基本概念和原理的理解；技能目标可以包括学生在实践中应用心理健康知识和技能的能力；情感目标可以强调学生的情感发展和情感管理；社交目标可以关注学生在人际关系和社交互动中的表现；自我管理目标可以培养学生的压力管理技能和自我调节能力；社会责任目标可以强调学生在社会层面上的责任和参与。这些目标之间应该有一定的逻辑关系，形成一个有机的整体。例如，通过培养认知目标，学生能够建立对心理健康领域的扎实理论基础，为实践和应用提供支持。而通过技能和自我管理目标的培养，学生能够在实际生活中更好地应对心理健康挑战。系统性的心理健康教育课程目标有助于学生全面发展，提高他们的心理健康水平，并为未来的生活提供有益的指导。

（三）课程目标要有操作性

确保心理健康教育课程目标的操作性是为了使学生在实际生活中能够运用所学的心理健康知识和技能。首先，识别和理解情绪的目标应具有操作性，使学生能够准确地表达自己的情感，了解情绪对行为和人际关系的影响，并能够运用具体的方法来处理不同的情绪。其次，运用积极的心理调适策略的目标应使学生能够实际运用这些策略，如在压力环境下实施深呼吸、采用积极的思维方式来化解负面情绪，确保这些策略在实际生活中可操作。建立健康人际关系的目标要求学生具备实际的沟通技巧，能够运用这些技巧解决实际的人际冲突，促进良好的人际关系。识别并应对心理健康问题的目标应使学生能够在实际情境中识别可能存在的问题，并能够主动寻求和接受专业支持。最后，制订个人的心理健康计划的目标应当能够促使学生制订具体、可操作的计划，包括设定个人发展目标、制定可行的策略，并能够在实践中不断调整和改进这些计划。通过明确这些具体的操作性目标，心理健康教育课程可以更好地实现其培养学生实际心理健康技能的目的。

（四）课程目标要有发展性

确保课程目标具有发展性是为了促进学生在不同阶段逐步发展和提升相关的知识和技能。首先，情绪识别与理解的目标在初级阶段可以侧重于基本情感的辨识，随着学生的成长，逐渐引入更复杂的情绪理解和应对策略，以适应不同年龄段的发展需求。其次，运用积极的心理调适策略的目标应该考虑到学生的认知和情感发展。在初级阶段，侧重于简单的调适方法，随后逐步引导学生学会更复杂、深层次的策略，使他们逐渐培养自我调适的能力。建立健康人际关系的目标应在不同学年中逐渐升级，从基础的沟通技巧到高级的团队合作和冲突解决策略。这样的发展性目标有助于学生逐步建立更加复杂和深入的人际交往能力。识别并应对心理健康问题的目标需要在学生年龄逐渐增长的情况下引入更复杂的主题，如心理健康疾病的预防和应对策略。这种发展性目标可以确保学生在成长过程中具备更全面的心理健康认知。最后，制订个人的心理健康计划的目标应该随着学生的发展逐步增加复杂性，从简单的目标设定和计划编制到更加综合和具体的个人成长规划。这种发展性目标有助于培养学生在未来更好地规划和管理自己的心理健康。

第三节　心理健康教育课程内容设计

一、心理健康教育课程内容的结构要素

学校心理健康教育课程教学内容的结构，主要包括五个基本要素，即认知经验要素、意志品质要素、情感经验要素、社会经验要素和生活经验要素。

（一）认知经验要素

将认知经验要素置于心理健康教育课程的核心位置是至关重要的。通过教育活动，学生可以学会正确地认知、理解什么是非理性的认知，并能够主动寻求老师或同伴的帮助，建立合理、健康的认知。这一过程对于个体的发展和健康至关重要。首先，通过强调认知经验，学生能够培养对自身思维和感知的敏感性。他们可以学会观察和分析自己的认知过程，了解自己是如何看待和理解事物的。这种自我觉察有助于建立对自己的深刻认识，为个体的心理健康奠定基础。其次，教育课程应该帮助学生识别和纠正不健康的认知模式。通过学会分辨哪些认知是非理性的、负面的，学生可以更好地应对挑战和压力，减少因为错误认知而引发的焦虑和压力。此外，培养学生主动寻求帮助的能力也是认知经验要素的重要部分。学生应该明白，寻求他人的意见和支持是一种积极的认知策略，可以帮助他们更好地理解问题，找到解决方案，从而维护心理健康。总体而言，将认知经验要素纳入心理健康教育课程是为了帮助学生建立正确、积极、健康的认知体系。通过这样的培养，学生能够更好地适应生活变化，更积极地面对挑战，为自己的发展创造更有利的条件。

（二）意志品质要素

意志品质的培养是塑造学生坚韧、自律、目标导向的关键。将意志品质要素置于心理健康教育课程中，有助于为学生提供成功的动力维持系统，使他们能够更好地应对挑战、克服困难，实现个人成长和发展。首先，通过结合学生日常生活和随机发生的问题，课程可以着重培养学生的坚韧性。在面对困难和挫折时，学生通过训练可以培养持久的意志力，不轻言放弃，而是努力寻找解决问题的方法。这种坚韧性是面对生活中不可避免的困难时的一种积极应对方式。其次，课程可以通过设定具体目标和任务，培养学生的自律性。学生需要学会设定明确的学习和生活目标，并通过自我管理来达成这些目标。这有助于建立学生对自己的有效控制和管理能力，培养他们在实现目标时的自律品质。另外，面对随机发生的问题，如突发事件或人际冲突，课程可以教导学生如何保持冷静、深思熟虑，以及如何在情绪冲突中保持理性的决策能力。这种训练有助于培养学生在压力下保持理智、有序的品质。总体而言，将意志品质要素融入心理健康教育课程，可以帮助学生养成积极面对生活、自律努力的心态，为他们未来的学业和职业成功奠定基础。这样的培养有助于学生成为更有意志力和抗压能力的个体。

（三）情感经验要素

情感经验要素在心理健康教育课程中的突出地位是理所当然的。正常的心理健康不仅表现为积极健康的情感，更包括对情感的自觉调节和处理能力。通过各种活动和情景，课程可以帮助学生体验各种情绪反应，培养他们正确的情感处理机制，从而建设起积极向上的情感动力。首先，课程可以通过模拟真实情境，让学生体验到各种情绪，包括喜悦、悲伤、愤怒等。这样的体验可以帮助学生更好地认识和理解自己的情感，培养他们对情感的敏感性。其次，教育课程应着眼于培养学生的情感调节能力。学生需要学会如何在面对压力、挑战和负面情绪时进行有效的自我调节，以保持良好的心理状态。这包括通过运动、艺术、冥想等方式来调节情感，使其能够及时恢复正常。最后，课程还可以教导学生合理宣泄不良情绪的方式。学生需要明白情绪的表达是正常而健康的，但应该通过适当的方式进行，而非将负面情绪转化为破坏性的行为。培养学生通过沟通、表达、寻求支持等方式来宣泄情感。总体而言，情感经验要素的培养是心理健康教育课程中的核心内容。通过这样的训练，学生可以建设起积极向上的情感动力，更好地适应生活的变化，提升整体的心理健康水平。

（四）社会经验要素

社会经验要素在心理健康教育课程中的重要性不可忽视。通过组织学生参与社会活动，课程旨在培养学生在社会中的适应能力、独立解决问题的能力及与他人合作的技能，使其能够成为更全面、更有社会责任感的个体。首先，通过参与社会活动，学生能够更好地了解社会。亲身经历社会中的各种情境，使他们对社会的运作、价值观念和不同文化有更深刻的认识。这有助于建立学生对社会的正确认知，为他们更好地适应社会环境打下基础。其次，社会经验培养了学生的适应能力。社会活动中经历的各种挑战和变化，可以帮助学生更好地适应不同的情境和人际关系，提高他们在社会中的自信心。再次，社会经验还培养学生与他人合作的技能。在团队合作的过程中，学生学会倾听、沟通、分享资源，培养了协作和团队合作的能力，这对于日后的职业和社会交往都至关重要。最后，社会活动的参与有助于培养学生独立处理问题和解决问题的能力。面对社会中的各种情况，学生需要学会分析问题、提出解决方案，并在实践中磨练他们的实际操作能力。综合而言，社会经验要素的培养是心理健康教育课程的重要组成部分。通过这样的训练，学生能够在社会中更好地融入、适应，成为对社会有益的一员。

（五）生活经验要素

生活经验要素在心理健康教育课程中的重要性在于培养学生过正常、愉快、健康的生活，使他们能够更好地应对生活中的压力、挑战，培养幸福感和生活满足感。通过各种活动，课程可以帮助学生体验生活的多样性，学习健康的休闲方式，培养正常的消费观念，以及珍惜和感恩生活。首先，通过组织各种活动，学生可以体验到生活的多样性。这有助于拓宽学生的视野，让他们了解不同的生活方式和文化，从而更好地适应多元化的社会环境。其次，课程可以帮助学生学会过正常、愉快的生活。通过培养积极的心态、培养兴趣爱好和提倡健康的生活方式，学生可以更好地享受生活，减轻生活压力，提高生活质量。再次，学生还需要学会健康的休闲生活。通过合理的休息和娱乐活动，学生能够更好地调整身心状态，缓解压力，保持身心健康。在正常的消费观念方面，课程可以教导学生理性消费、避免过度消费的观念，培养他们理财的能力，避免陷入消费主义的陷阱。最后，通过感恩和珍惜生活的培养，学生能够更好地体会到幸福生活的可贵。这包括学会感恩身边的人和事，培养一颗感恩之心，从而在生活中更加满足和幸福。综合而言，生活经验要素的培养使学生更好地理解和应对生活，建立积极的人生观和价值观，从而更好地保持心理健康。

二、心理健康教育课程的主要内容

选择适当的课程内容确实是设计心理健康教育课程的重要一环。在依据青少年身心发展规律的基础上，关键在于抓住主要矛盾和解决主要问题。首先，课程内容应包括对青少年情感和认知发展的深入理解，以便更好地满足他们的需求。情感管理、认知技能培养和人际关系发展等方面的内容可以有助于解决青少年在情感和社交方面的主要问题。

（一）个性心理教育

个性心理教育是非常关键的一部分，因为个性的形成对一个人的发展和心理健康起着重要的作用。首先，学生需要了解基本的个性心理卫生常识。这包括认识到良好个性的重要性，以及不良个性可能对心理健康带来的危害。通过提供相关知识，学生能够更好地理解自己的个性特点，从而有助于更积极地进行个性发展。其次，通过富有情趣的活动，可以促使学生形成对自我形象、内在气质、性格、能力的正确认识。这种活动可以通过角色扮演、小组讨论等形式，让学生更直观地认识自己，了解自己的优点和改进的空间。同时，培养良好的需要和动机是个性心理教育的重要目标之一。学生需要认识到满足基本需求的重要性，同时激发积极向上的动机，使其更有动力去实现自己的目标。激发积极而广泛的爱好和兴趣也是培养个性的重要方面。通过引导学生发现和培养他们的兴趣爱好，可以让他们更全面地发展个性，增加生活的丰富性。另外，树立崇高的信念和理想是培养学生正确个性观的一部分。学生需要明白人生的价值和目标，形成对未来的理想和信念，这有助于引导他们更有方向地发展个性。最终，个性心理教育的目标之一是培养正确的自我意识和优良的个性品质。通过课程和活动，学生可以更深入地认识自己，培养积极向上的品质，形成积极的个性特征。通过这些努力，个性心理教育可以帮助学生更好地理解和发展自己的个性，建立健康的自我认知，促使他们在成长过程中更加坚强、积极、有益于社会。

（二）社会适应心理教育

社会适应心理教育对于学生的全面发展和健康成长至关重要。首先，通过亲身体验的活动，学生能够正确认识和了解社会。这可以通过实地参观、社会实践等方式实现，让学生亲自感受社会的多样性，从而更好地适应社会的要求。其次，教育活动需要注重培养学生在社交方面的技能，特别是克服孤僻、自卑、羞怯等社交障碍。通过角色扮演、小组合作等方式，培养学生的社交技巧，提高他们在人际交往中的自信心。同时，学生需要学会合作、合群、礼貌、大方和诚恳等社交技能。这有助于他们更好地融入社会、建立良好的人际关系，提高社会适应能力。达到正确认识、评价和表现自己的目的是社会适应心理教育的目标之一。学生需要明白自己的优点和改进的方面，学会积极表达自己的看法，同时能够理性评价自己和他人。尊重和善待他人是培养社会适应能力中的关键。通过情境模拟、案例分析等方式，学生可以更深刻地理解尊重和善待他人的意义，培养他们的人文关怀精神。最终，社会适应心理教育的目标之一是培养必备的良好个性素质。这包括诚实守信、责任心、独立思考等方面的品质，这些素质是一个人在社会中立足的基础。通过这些社会适应心理教育的内容，学生可以更好地适应社会，建立积极的人际关系，形成良好的社会适应能力，为未来的发展奠定坚实的基础。

（三）性心理教育

性心理教育在青少年成长过程中扮演着至关重要的角色。首先，教育应向学生说明青春期身心变化的基本情况。这包括生理方面的变化，如生殖系统的发育、月经、性激素水平的波动等，以及心理方面的变化，如性别认同、性取向等。帮助学生了解这些变化，有助于他们更好地应对和接受自己的身体和心理状态。其次，性心理教育需要指导学生如何选择和异性交往的恰当方式。这包括培养健康的异性关系观念、尊重他人的边界、学会与异性友好相处等。通过角色扮演、小组讨论等方式，帮助学生培养积极而健康的性别角色认知。同时，教育应帮助学生克服和异性交往带来的各种烦恼。青少年可能面临情感困扰、沟通障碍、人际关系问题等，因此需要提供有效的沟通技巧、解决问题的方法，以及情感管理的策略，帮助他们更好地处理与异性交往相关的问题。最后，性心理教育还需要引导学生顺利度过"心理断乳"期。这是指学生从童年到青春期的过渡期，需要逐步摆脱对父母的依赖，建立独立的个体认同。教育可以通过心理辅导、自我探索等方式，帮助学生顺利度过这一阶段，形成独立而健康的性格。通过这些性心理教育的内容，学生能够更全面地理解自己的性别身份，培养良好的性别观念和性别平等意识，同时在性别关系和异性交往中更加成熟、理性地处理问题，形成健康的性心理状态。

（四）情感意志品质的教育

情感意志品质的教育是培养学生积极心态和坚强意志的关键。首先，教育应使学生体会积极性情感与消极性情感的差别。这包括帮助学生认识到积极情感对于学习和生活的积极影响，以及消极情感可能带来的负面效果。通过情感管理技能的培养，学生可以更好地调节情感，提高情绪的稳定性，使学习和生活更加有效和愉快。其次，学生需要学会通过自我调节和合理安排闲暇来使学习和生活更加轻松愉快。这包括培养适应性思维、学会自我放松的技巧，以及正确安排休息时间，有助于提高学生对生活的满足感和幸福感。同时，情感意志品质的教育还要使学生明确优良意志品质在成就事业上的重大意义。这包括自觉性、果断性、自制性和坚持性等品质的培养，帮助学生建立目标并付诸实践，形成不轻言放弃的坚韧品质。学生还需要学会正确处理学习和生活过程中的矛盾问题。这包括理智与冲动、顺利与挫折、纪律与自由、自律与他律等方面的矛盾。通过培养学生的决策能力和问题解决能力，教育可以帮助学生更成熟地面对复杂的情境，提高应对挑战的能力。最后，情感意志品质的教育目标之一是提高学生的心理承受能力。这包括面对压力、挫折和困难时能够保持稳定的心态，通过积极应对，逐渐增强心理韧性。通过以上教育内容，学生可以更好地理解和管理自己的情感，培养积极的意志品质，使其在学业和生活中更具有自律性、坚韧性和适应性。

（五）学习心理教育

学习心理教育是培养学生学习技能和习惯的关键环节。首先，教育应激发学生的学习动机和兴趣。这包括通过吸引人的教学方式、生动的教材设计等手段，激发学生对知识的兴趣。培养学生对学科的热爱，可以更好地促进他们的学习积极性。其次，学生需要形成适合自己的行之有效的学习方法。这可以通过教授不同的学习策略、提供学习技巧的培训等方式来实现。每个学生有不同的学习风格，因此了解并培养适合个体差异的学习方法是至关重要的。同时，学生需要学会排除焦虑、厌学、自卑、注意力不集中等障碍。这可以通过心理辅导、自我调节训练等方法来进行。建立积极的学习态度和心理健康是学生全面发展的基础。教育还应让学生认识和了解学习的基本心理过程。包括注意力、记忆、观察力等方面的基本心理机制。通过深入了解这些过程，学生可以更有效地运用心理学原理来指导自己的学习活动。学生需要学会如何培养自己的观察力、注意力和记忆力等。这可以通过实际的练习和训练来进行，帮助学生提高对信息的敏感性、专注力和记忆能力。最后，学习心理教育的目标是让学生更多、更快、更好地吸收和掌握科学文化知识。通过培养学生的学习心理技能和技巧，可以促使学生从简单的"学会"阶段过渡到更高层次的"会学"阶段，实现知识的深度和广度的提升。通过以上的学习心理教育，学生可以更好地理解自己的学习过程，发展有效的学习方法，提高学习效率，为更好地吸收知识和不断提高文化素质奠定基础。

（六）品德心理教育

品德心理教育是培养学生高尚品质和价值观的重要组成部分。首先，品德心理教育的目标是使学生从小形成宽容、大度、正直、无私、博爱等高尚的精神境界。这涉及培养学生的道德情感和情操，使他们在品德上具备积极向上的品质，能够更好地面对生活的各种挑战。其次，品德心理教育与日常的行为规范教育、法制教育等紧密相连。通过制定明确的行为规范，教育可以引导学生形成正确的道德观念，明确社会的法律法规，并通过案例教学等方式让学生深入理解违法行为的后果，从而促使其养成守法守纪的品德。教育者的任务在于根据品德心理的形成规律引导学生树立正确的人生观和自信心。通过情感教育、激励教育等手段，教育者可以帮助学生建立积极的人生态度，培养自信心，使其在面对困难和压力时能够更好地坚持正义和善良。品德心理教育要从小确立一个正确而坚定的精神支柱。这包括培养学生的责任心、友爱心、助人心等品德素养，让他们在成长过程中拥有坚定的道德信仰，成为有担当、有爱心的个体。最终，品德心理教育的目标是成就品德高尚的人。通过这样的教育，学生可以更好地理解和体验道德行为的深层内涵，形成积极向上的品格，为自己的发展和社会的进步作出积极贡献。通过品德心理教育，学生能够在道德和心理层面得到全面的培养，成为有品德、有担当的社会成员。这种教育不仅有助于学生个体的成长，也对整个社会的文明进步起到积极的推动作用。

三、心理健康教育课程内容的组织方式

借鉴一般课程内容的编排组织，心理健康教育课程的组织主要有如下方式。

（一）逻辑式组织

逻辑式组织是一种很合理的方式，尤其适用于心理健康教育这样需要根据学生的心理发展规律进行有序组织的领域。首先，考虑学生的心理发展规律。了解学生在不同年龄段的认知水平、情感体验、社交技能等方面的发展特点，以便根据这些差异有针对性地组织教学内容。其次，根据学科知识的内在逻辑，将心理健康教育内容由易到难、由浅入深地有序排列。确保每一步的内容都是在前一步的基础上进行拓展和深化，使学生逐步理解和接受。采用螺旋式上升的形式组织内容是一个不错的选择。这意味着教学内容可以在不同年级反复涉及，但每次都以更深层次、更复杂的方式呈现。

这有助于巩固学生的基础知识，同时引导他们逐渐深入理解心理健康的更复杂概念。考虑不同年龄段、不同年级学生的心理发展水平，调整难易度和侧重点，以确保内容对学生具有挑战性但又不过于困难。适度的难度可以激发学生的学习兴趣和积极性。确保教学内容有条不紊、纲目井然。清晰的教学大纲和结构有助于学生更好地理解课程的脉络，帮助他们建立知识体系。总的来说，逻辑式组织是一种符合学生心理发展规律的有效教学方式。通过系统、有序地呈现内容，可以更好地引导学生的学习，帮助他们逐步建立对心理健康的全面理解。

（二）心理式组织

心理式组织是以学生在学习、生活、成长过程中产生的心理现象为基础的组织方式。这种方式强调以学生为本位，注重学生的兴趣与需求，按照学生的心理发展顺序有条不紊地组织教学内容。

1. 认识顺序

帮助学生认识自己的特点、兴趣、优点和缺点。引导学生了解他们所处的各种环境，建立对周围世界的认知。促使学生在认识自己的基础上，努力实现个人潜力和目标。

2. 学习能力顺序

培养学生的注意力、观察力、记忆力、想象力和思维力等智力能力。关注学生的动机、兴趣、情感、意志和性格等非智力因素。

3. 人际交往顺序

教导学生如何与他人建立良好的人际关系，学会礼貌和友善。引导学生发展团队合作精神，培养友谊和团结的价值观。

4. 情绪情感顺序

鼓励学生积极体验和表达各种情感。培养学生有效地调节和控制情绪，以促进心理健康。

5. 社会适应顺序

培养学生正确认识自己，接纳个体差异。引导学生逐步摆脱对父母和长辈的依赖，培养独立思考和解决问题的能力。强调社会责任感，培养学生为社会作贡献的意识。引导学生形成积极向上、科学合理的世界观和价值观。

心理式组织强调了学生的主体地位，使教学内容更加贴近学生的实际需求，有助于激发学生的学习兴趣和积极性。折中式组织则可以更好地兼顾逻辑性和学生个体差异，确保教学内容全面而有深度。

第四节　心理健康教育课程活动设计

活动性心理教育课程是心理健康教育体系的核心组成部分，旨在根据学生身心发展规律和特点，运用心理学和教育学原理，有目的、有计划、有组织地通过以学生为主体的活动项目和方式，提高学生心理素质、增进心理健康、开发心理潜能。这种课程具有活动性、主体性、互动性、体验性和感悟性等性质。

活动性心理教育课程作为学校心理教育的主要途径，在其中融合心理教育思想，强调从心理教育的角度审视。这种课程被称为活动性心理教育课程，其教育价值在于促进学生心理成长和人格完善，挖掘心理潜能。

与一般学科课程和杜威提出的活动课程不同，活动性心理教育课程以学生的心理发展为基础，关注学生当前的心理状态，以培养学生健康心理为主线。整个活动过程以学生为主体，通过多样化的形式，如情景体验、角色扮演、讨论分析、谈话沟通、行为训练等，促进班级成员之间的互动合作，旨在提高学生心理品质和心理能力。

一、心理健康教育课程活动设计的原则

设计心理健康教育活动课程时，应根据青少年身心发展规律和年龄特征，将提高学生的心理素质作为核心目标。这个课程的基本特色应该是趣味性和活动性，通过游戏和其他富有趣味的训练，深度融入心理健康教育的意义，让学生逐步领悟到心理健康的重要性，并学会自我心理保健的途径和方法。在实施过程中应遵循以下几个原则。

（一）发展性原则

维果茨基的发展性原则在心理健康教育活动课程中具有重要的指导意义。发展性原则强调个体的差异性，每个学生都有自己的发展轨迹和潜力。因此，在设计心理健康教育活动时，需要考虑学生的个体差异，尊重他们的发展水平和需求。活动课程应

该设计为具有一定挑战性的环境，超越学生目前的心理发展水平。这不仅能激发学生的兴趣和动力，还可以促使他们在新的学习环境中不断拓展自己的认知和能力。活动课程的设计应该鼓励学生发挥自己的主观能动性。通过提供开放性任务、引导自主学习和解决问题的过程，培养学生在学习中主动思考、主动探索的习惯。发展性原则要求教学任务能够激发学生的学习兴趣。在心理健康教育活动中，可以采用生动有趣的方式，使学生对心理健康知识和技能产生浓厚的兴趣，从而更愿意投入学习。根据学生的反馈和表现，灵活地调整活动课程。确保课程内容和任务既能够激发学生的发展潜力，又不至于太过超出他们的实际能力范围。在实践中，理解并应用发展性原则有助于确保心理健康教育活动课程更贴近学生的实际需求，提供有针对性的教学，使学生在学习过程中获得更好的发展。这也符合个性化教育的理念，强调每个学生都是独特的个体，应该得到个性化的关注和引导。

（二）主体性原则

主体性原则在心理健康教育活动中的应用至关重要。活动的目标、设计和实施都应该让学生参与其中，这样才能真正激发他们的积极性和主动性。教师在这个过程中的作用是将学生置于活动的中心，而非仅仅是传授知识。通过让学生参与活动目标的确立，能够更好地理解和满足他们的需求。学生的参与不仅仅是执行任务，更是参与制定课程目标的过程。这样一来，课程目标更贴近学生的实际需求，更容易引起他们的兴趣和投入。在活动设计方面，主体性原则要求教师考虑到学生的个体差异和兴趣。通过灵活的设计，让学生可以根据自己的喜好和特长参与活动，这有助于激发他们的创造性。这也能促使学生在活动中找到自己的价值和优势，从而提高他们对学习的自信心。实施阶段是培养学生主动性和自主性的关键时期。教师应该成为学生的引导者，而不是仅仅是知识的传递者。通过提供支持和指导，鼓励学生提出问题、表达观点，并参与讨论，教师可以激发学生的思考和探究欲望。这有助于培养学生独立思考和解决问题的能力。总体而言，主体性原则是促使学生在心理健康教育中真正受益的关键。通过将学生置于活动的中心，可以更好地满足他们的需求，激发他们的潜能，促进心智和情感的全面发展。

（三）全体性原则

全体性原则在心理健康教育中的应用强调了对所有学生的关注和服务。课程的目标是提高整个群体的心理素质和机能，因此，在活动设计和实施中要充分考虑到全体学生的需求和特点。在活动课程中，首要任务是着眼于全体学生。这意味着教师需要确保活动的内容、形式和方法对大多数学生都具有启发和帮助。通过关注群体共性，可以更好地推动整体的心理健康水平提升。然而，全体性原则并不意味着忽视个别学生的问题。每个学生都是独特的，他们可能面临不同的困扰和挑战。在处理个别学生问题时，教师需要敏感而细致地给予帮助，确保他们在心理健康教育活动中同样得到关注和支持。关键在于平衡。教师需要在满足全体学生需求的同时，灵活处理个别学生的情况。这可能包括提供额外的辅导、个性化的支持或定制化的活动。重要的是，这种帮助应当是及时的、具体的，并且在不让学生感到被特殊对待的情况下进行。总体而言，全体性原则在心理健康教育中是非常重要的。通过关注整体和个别的平衡，可以更好地实现活动课程的目标，提高学生的心理素质，促进全体学生的综合发展。

（四）层次性原则

层次性原则在心理辅导中扮演着重要的角色。通过分层次的设计，可以更有效地促使学生按照一定的顺序和步骤发展其心理素质。这个原则的核心在于确保各个阶段的目标是有序连接的，每个阶段的达成都为下一阶段的发展提供基础。在一节心理活动课中，辅导教师首先需要设定一个总的辅导目标，这个总目标是整个活动的中心和方向。然后，这个总目标会被拆分成多个层次的心理辅导目标。每个层次的目标都应该建立在前一个目标的基础之上，形成一种渐进的关系。这种渐进性的设计有助于确保学生在心理发展中逐步建立起扎实的基础。比如，如果总目标是提高学生的情绪管理能力，那么分层目标可以包括情绪认知、情绪表达、情绪调节等方面的发展。学生需要先了解自己的情绪，然后学会表达这些情绪，最终逐步学会有效地调节情绪。这样的分层设计还有助于保持辅导过程的连贯性。学生可以清晰地看到各个阶段之间的关系，感受到自己的成长和进步。同时，教师在辅导过程中可以更有针对性地引导学生，根据他们在各个层次上的表现调整辅导策略。总的来说，层次性原则为心理辅导提供了一个有序而系统的框架，有助于学生在心理发展中稳步前行，同时保持整个辅导过程的连贯性和逻辑性。

（五）活动性原则

活动性原则在心理健康教育活动中具有重要作用。这一原则强调的是课程的焦点应该放在学生参与活动的过程和体验上，而不仅仅是知识的传授。通过活动，学生能够更好地理解、应用和体验心理健康知识，从而提升他们的心理品质。关键在于把握和优化活动过程。活动性原则认为，活动的设计和实施是决定课程成败的关键。教师需要创建富有互动性、参与性和体验性的活动，使学生在实践中学到知识、培养技能，并体验到心理健康的重要性。与传统的知识传授型课程不同，心理活动课程更注重将知识融入活动中。这种综合性的教学方式更符合学生的特点，能够更好地激发他们的学习兴趣和动力。通过实际参与，学生能够更深刻地理解心理健康的概念，同时在实践中培养解决问题的能力。活动性原则也符合教育的整体目标，即培养学生的综合素养。通过活动，学生除了获取知识外，还能培养团队合作、沟通表达、问题解决等综合能力。这有助于学生更好地适应社会需求，提高他们的综合素质。综上所述，活动性原则强调了在心理健康教育中通过活动的方式实现课程目标。通过创造性、互动性和实践性的活动设计，能够更好地满足学生的需求，提升他们的心理健康水平。

（六）可操作性原则

可操作性原则为心理活动课程的设计提供了清晰的方向。这一原则要求辅导目标内容必须是具体、明确、可评估的，而非抽象或笼统的。通过这样的设计，确保学生在心理或行为上的变化可以用客观的指标观测，使得课程的效果更加明确可见。具体而明确的辅导目标有助于学生更好地理解预期的学习结果。以"跳起来，够得着"为例，这个目标不仅明确了动作（跳起来），还提供了具体的评估标准（够得着哪里）。这样的明确性使得学生清楚自己需要达到什么水平，也使教师更容易进行有效的评估。可操作性原则还有助于确保学生在课程中真正取得实质性的变化。通过设定明确的目标，可以更容易衡量学生在心理健康方面的成长和进步。这有助于教师调整教学策略，确保学生在实际操作中真正掌握了所需的知识和技能。另外，可操作性原则也为评价和反馈提供了有效的依据。因为目标是具体可评估的，所以教师可以根据学生的表现提供明确且有针对性的反馈。这有助于学生更好地理解自己的优势和不足，以便有针对性地改进和提升。总体而言，可操作性原则是确保心理活动课程实际产生可见成果的关键。通过明确的目标和评估标准，学生和教师都能更清晰地了解学习的方向，使得心理健康教育更加实用和有效。

（七）情感性原则

情感性原则将情感发展置于心理健康教育的核心位置，这对于创造有温暖、关怀和支持的学习环境至关重要。这一原则强调了在活动课程中，不仅要关注知识传递，更要注重学生的情感体验。避免概念化意味着教师应该超越抽象的理论，而是注重将心理健康知识融入到实际情境中，让学生通过情感的参与更好地理解和应用。通过真实的情感体验，学生更容易建立对心理健康概念的深刻理解。情感性原则中的情感共鸣和同感技术强调了教育者与学生之间的情感联系。在教学过程中，教师要努力理解学生的感受，与他们建立亲近的情感联系。这有助于学生感受到被理解、被关爱，从而更愿意在学习中敞开心扉。同时，情感性原则还强调了情感的发展作用。通过关注学生的情感体验，可以促进他们的情感成熟和健康发展。教师在活动中的引导，旨在帮助学生更好地认识和理解自己的情感，培养积极的情感应对策略，提高情感智力。这一原则对于心理健康教育的实效性和可持续性至关重要。学生在情感上的投入和认同是促使他们深刻理解和应用所学知识的关键。通过情感性的教学，心理健康教育不仅成为知识的传递，更是一种情感体验和人际关系的建构。

（八）体验性原则

体验性原则将学习置于学生的亲身体验和感悟之中，这在心理健康教育中是至关重要的。相比于传统的知识传授，体验性原则更注重学生在活动过程中的主观感受，通过实际参与和体验，促使学生更深刻地理解和应用所学的心理健康知识。不同于体育课和游戏活动，心理健康教育活动并非仅仅是娱乐，而是一种有针对性的学习体验。通过参与各种心理活动，学生可以在实践中感受到心理健康的重要性，培养解决问题和应对挑战的能力。体验和感悟是个体心态发生变化的关键环节。通过亲身体验，学生不仅能够理解理论知识，还能在实践中感悟到知识的实际应用和影响。这样的体验更容易激发学生的学习兴趣，使他们更主动地投入到学习过程中。体验性原则也有助于实现活动课程的价值。通过活动的体验，学生可以更深层次地内化所学知识，形成积极的学习态度，从而使心理健康教育不仅仅是知识的传递，更是一种能够影响学生整体生活和发展的学习体验。总体而言，体验性原则为心理健康教育提供了一种更为深入和实际的教学方式。通过体验和感悟，学生能够更全面地理解心理健康知识，培养实际应对问题的能力，从而更好地适应生活的各种挑战。

（九）相容性原则

相容性原则强调了心理健康教育活动中师生之间信任、尊重和坦诚相待的关键性。这一原则认为，只有建立了真正的信任关系，师生之间才能互相理解、尊重和接纳，从而实现心理健康教育的有效实施。信任是师生关系的基石。教师需要通过真实的关怀和支持，赢得学生的信任。只有在信任的基础上，学生才会更愿意分享自己的真实感受和需求，教师也更能准确了解学生的内在需求。互相尊重是建立良好关系的必要条件。在心理健康教育中，每个学生都是独特的，拥有不同的背景、体验和需求。教师需要以尊重的态度对待每个学生，理解并接纳他们的差异。这种尊重有助于创造一个开放、包容的学习环境，促使学生更愿意参与和分享。坦诚相待是触动深层情感体验的桥梁。只有在坦诚和真实的沟通中，学生才会感受到真实的关怀和支持，从而更深层次地体验到心理健康教育的意义。教师的坦诚和真实性也能激发学生更愿意表达自己的感受和想法。相容性原则强调了在心理健康教育活动中人际关系的重要性。师生之间的良好关系是实现有效教学和学习的前提，也是促进学生心理健康发展的保障。通过相容性原则的贯彻，可以创造一个支持性和积极的学习环境，使学生更好地受益于心理健康教育。

（十）开放性原则

开放性原则是基于学生心理发展特点的理念。学生的心理发展是开放的，充满了好奇心和求知欲。这一原则认为，在心理健康教育活动中，教材应该被看作是一个引子或例子，而不是僵化的知识传授，以激发学生的开放性思维和创造性表达。在开放性原则下，活动的目标不仅仅是实现主旨目标，更包括激发学生的重悟性启迪、引导他们形成独特的思维方法，以及培养积极的情感健康导向。这意味着活动的设计应该注重引导学生去探索、思考和表达，而不是死记硬背或机械性地应对问题。在问题的答案不唯一的情况下，开放性原则得以体现。活动中的问题设计应该鼓励学生提出不同的见解和观点，促使他们在思考中形成独立的认知和见解。这样的开放性设计有助于培养学生的批判性思维和创造性解决问题的能力。整体活动设计上，开放性原则要求避免拘泥于线性结构，而更应体现色块结构的特点。这种结构更加灵活，允许学生在活动中跳跃、交叉，形成丰富多彩的认知体验。综合而言，开放性原则强调了学生心理发展的开放性特点，在活动中注重引导学生开展自主思考和创造性表达，促进他们全面而深刻地理解和体验心理健康教育的内容。

二、心理健康教育课程活动设计的步骤

（一）了解学生的需要

了解学生的需求是设计有效的心理健康教育课程的重要步骤。了解学生的心理需要可以帮助教师更好地满足他们的需求，确保课程更加贴近实际，提高学生的参与度和学习效果。一般性需要的了解是通过研究发展心理学的相关资料，分析某一年龄阶段学生普遍存在的心理和行为发展上的需求。这可以包括典型的心理发展阶段，如青春期的身份认同、自我价值感的建立等。通过了解这些一般性需要，教师可以设计符合学生发展特点的通用性课程内容。特殊性需要的了解则更加具体和针对性。这需要

教师通过实地调查、收集相关信息，包括学生、家长、其他教师及社会机构的反馈。调查方法可以包括谈话法、问卷法、座谈会等。通过这些调查，教师可以了解到学生在特殊环境或事件中可能遇到的问题和压力，从而更有针对性地开展教育活动。在了解学生的需求的基础上，教师可以有的放矢地制定心理健康教育课程。这意味着课程内容、方法和形式都能更好地满足学生的实际需求，从而提高课程的实效性和可操作性。这也有助于培养学生的自我认知和解决问题的能力，使其更好地应对生活中的挑战。

（二）确定单元主题

确定心理健康教育单元主题是设计课程的关键一步。这个过程需要考虑学生的实际需求、个体差异、当前社会环境等因素，确保主题既能引发学生的兴趣，又能有效地满足他们的心理健康发展需求。因人而异，意味着要考虑到学生的个体差异。不同年龄段、性别、文化背景的学生可能面临不同的心理压力和挑战。因此，主题的选择应该灵活多样，以满足不同学生群体的需求。因事而异，表示要考虑当前社会环境和学校特殊的情境。如果学生所在地区或学校近期发生了一些特殊事件，比如自然灾害、社会事件等，那么这些事件可能对学生的心理产生影响，教育主题可以围绕这些事件展开，提供相应的心理支持。因地而异，强调了根据学生所在地区的文化、社会背景等因素来确定主题。不同地区的文化差异可能会导致学生对心理健康的认知和需求有所不同，因此，主题的选择应该考虑到地方性的特点。因时而异，表示主题的选择应该紧跟时代的发展。社会在不断变化，新的问题和挑战也随之而来。选择与当下社会热点、学生关注度高的主题，能够更好地引起学生的共鸣，使教育更具实际效果。总体而言，确定心理健康教育单元主题需要全面考虑学生的个体差异、社会环境、学校情境等多个因素。灵活运用因人、因事、因地、因时的原则，确保选取的主题既贴合学生实际需求，又具有实际可操作性。

（三）确定单元目标

确定单元目标是设计心理健康教育单元的关键步骤。这些目标应该明确、具体，并能够直接与学生的实际需求和学科标准相联系。单元目标应直接与学生的心理健康需求相对应。考虑到之前了解的学生需求，确保目标能够满足他们的实际问题和挑战。目标应该具体而清晰，能够明确地表达预期的学习成果。这样有助于学生理解学习的方向，并为教师提供明确的评估标准。目标需要是可衡量的，这意味着能够通过观察、测量或其他方式来评估学生是否达到了这些目标。这样的可衡量性有助于评估课程的实效性。确保单元目标与学科标准相一致，这有助于整合心理健康教育内容到更广泛的学科框架中。目标应该鼓励学生在心理健康方面的发展。这可能包括培养他们的自我认知、情感管理能力，或者提高他们对人际关系和社会支持的理解。考虑学生的年龄、认知水平和心理发展水平，确保目标适应他们的实际能力和需求。通过明晰的单元目标，教师可以更好地引导学生朝着心理健康方面的目标发展，同时为教学提供了清晰的方向和评估标准。

（四）确定单元课时

确定大学生心理健康教育单元的课时需要综合考虑多个因素，包括单元的主题复杂度、学生的专业特点、教学资源的充足性等。考虑单元主题的复杂度和深度。如果主题相对简单，可能需要较少的课时；而如果涉及较为深入和复杂的内容，可能需要更多的时间来确保学生深入理解。在教学过程中不断收集学生的反馈意见。如果学生对某一方面的内容表现出较大的兴趣或有疑问，可以适度调整课时分配，更深入地探讨这些内容。大学生更倾向于互动和实践性的学习。在心理健康教育中，为了促进学生的参与，可以增加互动和实践活动的课时，如小组讨论、角色扮演、案例分析等。如果心理健康教育单元与其他学科有关，可以考虑跨学科整合。这有助于提高学生对心理健康问题的全面认识，但也需要更多的课时来整合相关知识。考虑到大学生个体差异，可以在教学中提供一些个性化学习的空间，例如个人项目、独立研究等。这可能需要额外的课时来支持学生在个性化学习方面的发展。考虑教学资源的充足性，包括教材、技术设备、外部专业人员等。如果教学资源充足，可以更灵活地设置多样化的课时。通过反复强化关键概念，有助于学生更好地吸收和理解。可以通过分布式学习的方式，将心理健康教育内容贯穿于整个学期，而不是集中在短时间内进行。综合考虑这些因素，可以设计一个符合大学生实际情况和需求的心理健康教育单元，确保课时的合理利用和学习效果的最大化。

（五）确定教学方法

确定大学生心理健康教育的教学方法是关键的一步，应该根据学科特点、学生需求和教学资源等多方面因素进行综合考虑。大学生通常对互动式的学习方式更感兴趣。通过小组讨论、班级讨论或在线讨论平台，促使学生分享观点、经验和解决方案，从而激发他们的思考和参与度。利用真实案例或情景进行分析，让学生从实际生活中学到心理健康知识。案例分析有助于将理论知识与实际应用相结合，使学生更容易理解和应用所学内容。通过角色扮演活动，让学生从不同角度体验和理解心理健康问题。

这种实践性的方法有助于提高学生的情感共鸣，促进他们更深入地思考和学习。安排一些实际操作的活动，如放松训练、冥想练习、团队建设等，以帮助学生具体实践心理健康的方法和技巧，增强其应对压力的能力。邀请心理健康专业人士或相关领域的专家举办讲座，分享实际经验和专业知识。这可以为学生提供更深层次的理解，同时连接实际应用和学科知识。利用信息技术手段，例如在线平台、多媒体资源等，为学生提供更多的学习资源。这有助于拓展学生的学习渠道，使教学更具灵活性。将心理健康教育与其他学科整合，例如结合心理学、社会学、健康科学等相关学科知识。这有助于提供更全面的视角，使学生更全面地理解心理健康的多方面因素。鼓励学生进行自主学习，提供相关的阅读材料、在线资源，激发学生主动学习的兴趣。这有助于培养学生的自主学习能力和信息获取能力。综合运用这些教学方法，可以创造多元化、富有趣味性和实效性的大学生心理健康教育课程，满足学生的多样化学习需求。

（六）做好课前准备

在课前明确课程的整体目标和具体目标，确保这些目标与学生的需求和教育目标相一致。目标的明确有助于指导整个教学过程。在课前对学生群体进行调研和了解，包括他们的年龄、专业背景、心理健康需求等。这有助于个性化课程内容，使其更符合学生的实际情况。根据学生群体的特点和课程目标，选择合适的教学方法。考虑到大学生对互动和实践性学习的偏好，可以采用案例分析、小组讨论、角色扮演等方法。精心选择和准备教材，确保其与课程目标和学生水平相匹配。同时，准备所需的教学资源，包括多媒体资料、案例研究、讲座资料等。如果课程涉及跨学科的内容，确保整合相关学科知识。这有助于提供更全面的视角，使学生更好地理解心理健康问题。根据课程内容和学生的接受能力，设定合理的课时安排。适当分配时间用于不同教学方法的实施，确保每个环节都能得到充分的关注。大学生更倾向于互动性学习，准备一些互动环节，如小组讨论、案例分享、角色扮演等，促进学生参与和合作。在课前考虑学生的心理健康，确保课程内容和互动环节不会引起学生的过度压力或不适。提前了解学生可能面临的挑战，合理设计教学活动。在课程中预留时间给学生提问和提供反馈。这有助于促进学生思考，同时也为教师了解学生对课程的理解和反馈提供机会。如果使用新的教学技术或工具，提前测试确保其正常运行。这包括投影仪、在线平台、讨论工具等。通过充分的课前准备，您可以确保教学活动的流畅进行，提高教学效果，使大学生心理健康教育课程更具有实际意义。

（七）拟定活动程序

通过讲座和小组讨论，学生将深入了解认知技能的各个方面，例如问题解决和决策制定。实践环节包括分组进行案例分析和角色扮演，以让学生运用所学技能解决实际问题。设立情绪管理工作坊，通过冰破游戏活跃气氛，引入情绪管理理论，包括情绪识别、表达和调节。实践阶段将提供情境模拟，让学生实际应用情绪管理技巧，并在小组中分享经验。通过引导学生反思个人压力源，邀请专家分享压力管理方法，以及小组讨论，学生将共同寻找应对压力的有效策略。接下来是人际关系沟通训练。通过团队建设活动培养信任感，介绍沟通技巧，如倾听和解决冲突。实践方面，学生将进行角色扮演，模拟各种人际关系场景，锻炼沟通技能。通过个人反思、目标设定和个人发展计划，学生将形成积极的自我认知，设定长短期目标，并制订个人发展计划，包括学业、职业和心理健康等方面的目标和计划。整个课程设计旨在通过理论学习和实际操作相结合，全面提升大学生的心理健康水平，使他们在面对挑战时更加坚韧和适应。

（八）撰写活动方案

在这个心理健康教育课程中，采用多元化的活动方案，以促进大学生的心理健康和全面发展。通过专业讲座和小组讨论，学生将了解认知技能的重要性，并运用它们解决实际问题。紧接着是情绪管理工作坊，其中包括冰破游戏和情绪管理理论的学习，以帮助学生认识、理解和有效管理自己的情绪。在压力管理研讨会中，专家将分享应对压力的方法，而学生将在小组中讨论并共同找到应对压力的有效策略。人际关系沟通训练将通过团队建设活动、沟通技巧的介绍和角色扮演来加强学生的人际交往能力。通过个人反思、目标设定和个人发展计划，学生将参与自我关爱与建设的活动，以形成积极的自我认知和制定明确的发展目标。整个课程旨在通过理论学习和实际操作相结合，培养学生的认知技能、情绪管理能力、压力应对能力，加强人际关系沟通，促进自我关爱与建设，从而全面提升他们的心理健康水平。

第四章

大学生心理健康教育课程特点

第一节　心理健康教育课的体验性

一、体验性教学的定义

体验性教学是一种强调学生亲身参与、实践和感知的教学方式。在心理健康教育课中，体验性教学是为了让学生更深入地理解和应用心理健康概念而采用的一种教学方法。体验性教学强调学生的实际参与和亲身体验。通过实际的活动和情境，学生能够直接感受和应用所学的心理健康概念，而不仅仅是接受理论知识。体验性教学将学生置于学习的主体地位。学生通过参与各种实践活动，成为学习的主动者，从而更深刻地理解和掌握心理健康相关的知识和技能。相对于仅仅理解理论知识，体验性教学注重学生对心理健康概念的感知和应用。学生通过实际体验，培养对心理健康问题的直观认知，并学会在实际生活中应用这些概念。体验性教学与传统的理论灌输相对立。传统教学强调教师向学生传递知识，而体验性教学更注重学生通过实践活动自主探索、发现和学习。通过亲身体验，学生更容易在认知和情感层面深入学习。这种深层次的学习有助于知识的牢固掌握和对心理健康概念的深刻理解。总的来说，体验性教学在心理健康教育课程中的运用旨在通过学生的实际参与和亲身体验，使其更全面、更深刻地理解和应用心理健康知识。

二、体验性教学的方法

体验性教学可以采用多种方法，包括情境模拟、案例分析、角色扮演、小组讨论等。这些方法能够使学生更直观地感受心理健康问题，培养实际解决问题的能力，并增加他们对心理健康知识的记忆和理解。

（一）情境模拟法

情境模拟法是一项有效的体验性教学方法，在心理健康教育中起到重要的作用。情境模拟法通过创造具体的场景，让学生在虚拟的环境中亲身体验和应对心理健康挑战。这一方法的核心在于将学生置于真实或模拟的情境中，以促使他们更深刻地理解和处理各种心理健康问题。在心理健康教育中，通过情境模拟，学生有机会面对工作压力、人际关系冲突等具体情境，仿佛置身于真实的生活中。这样的模拟有助于学生更加直观地感受和理解心理健康挑战，从而提高他们的应对能力。举例来说，可以通过模拟一个工作场景，让学生扮演职场人物，面对工作中的压力和挑战。通过这样的情境模拟，学生能够体验到职业生活中的实际情况，理解并学会有效地管理工作压力。情境模拟法的优势之一在于提供了一个安全的学习环境。学生在模拟情境中可以自由尝试不同的解决方案，而不用担心真实后果。这种实践性的学习有助于增强学生的信心和应对能力。此外，情境模拟法还可以通过设定不同的场景，满足不同学生的学习需求。例如，可以设计适合青少年的校园情境，也可以设置适用于职场人士的工作情境，以保证学生的学习体验更切合实际。综合而言，情境模拟法是一种生动而有趣的教学方法，通过创造性的场景，让学生在体验中学习，为心理健康教育提供了一种深入实际、直观感知的途径。

（二）案例分析法

案例分析法是一种深入学习心理健康问题的教学方法，通过研究实际案例，学生能够更全面地理解和应用心理健康概念。案例分析法以实际发生的心理健康案例为基础，通过深入研究这些案例，学生能够更好地理解和分析心理健康问题。这种方法激发了学生的分析思维，使他们能够从实际情境中学到解决问题的策略。在心理健康教育中，案例分析法可以涉及各种心理健康挑战，例如焦虑、抑郁、人际关系问题等。通过深入分析个案，学生能够了解不同背景下的心理健康问题，并学会运用相应的心理健康知识和技能。案例分析法的一个重要优势在于提供了一个讨论的平台。学生可以在小组或整个班级中共同讨论案例，分享彼此的观点和见解。这种互动有助于促进学生之间的知识交流，培养团队合作精神。通过案例分析，学生还能够培养批判性思维。他们需要审视案例中的不同因素，分析问题的根本原因，并提出合理的解决方案。这种思维方式对于培养学生的问题解决能力至关重要。此外，案例分析法还能够增加学生对心理健康知识的记忆和理解。通过将抽象的理论知识与实际案例联系起来，学生更容易理解并深刻记忆相关概念。总体而言，案例分析法为学生提供了一种深入学习心理健康的途径。通过实际案例的深入研究，学生能够从多个角度全面理解心理健康问题，并培养批判性思维和解决问题的能力。

（三）角色扮演法

角色扮演法是一种引人入胜的体验性教学方法，通过模拟情境中的特定角色，学生能够更深刻地理解和体验心理健康问题。在心理健康教育中，角色扮演法允许学生在模拟的情境中扮演不同的角色，以增加对心理健康问题的多角度理解。这一方法的核心在于通过亲身体验不同角色的感受，促使学生更加深入地理解心理健康问题。通过角色扮演，学生有机会扮演心理健康问题的当事人，亲身感受相关情感和挑战。例如，可以设计情境让学生扮演一个面临焦虑的大学生，从而深入理解焦虑对个体的影响，并学会应对策略。另一方面，角色扮演也可以让学生扮演心理健康专业人士的角色，如心理医生或心理辅导员。通过这种方式，学生能够理解专业人士在帮助他人解决心理健康问题时所面临的挑战和责任。这种方法的亮点之一在于增加了对多视角的理解。学生通过扮演不同角色，能够更好地理解不同个体在同一心理健康问题下可能有的不同感受和需求。这有助于培养学生的同理心和包容心。角色扮演法同时也提供了一个安全的环境，让学生在模拟情境中自由表达自己。这有助于减轻学生面对真实情境时可能的焦虑感，让他们更自信地应对心理健康挑战。综合而言，角色扮演法为心理健康教育提供了一种富有创意和趣味性的学习途径。通过亲身体验和感知，学生能够更深入地理解和应用心理健康概念，培养解决问题的能力。

（四）小组讨论法

小组讨论法是一种促进学生互动和合作的有效教学方法，尤其在心理健康教育中，它能够为学生提供一个分享经验、共同解决问题的平台。在心理健康教育中，小组讨论法为学生提供了一个集体思考和交流的机会。通过小组讨论，学生可以分享个人的心理健康经验、观点和观察，从而扩大对心理健康问题的认识。小组讨论的一个优势在于促进学生之间的互动。在小组中，学生能够听取不同观点，学习他人的经验，从而形成更全面的认识。这种互动有助于培养学生的社交能力和团队协作意识。通过小组讨论，学生还能够培养批判性思维。在小组中，他们需要对不同观点进行评估和分析，提出合理的论证。这有助于培养学生的思考能力和问题解决能力。此外，小组讨论法也可以激发学生对主题的更深入思考。在讨论中，学生可能会面临不同意见的挑战，从而促使他们更深入地思考和论证自己的观点。小组讨论同时也有助于建立学生之间的支持系统。通过分享个人的心理健康经历，学生能够获得他人的理解和支持，缓解心理压力，增强心理韧性。总体而言，小组讨论法为心理健康教育提供了一个富有互动性和社交性的学习环境。通过共同探讨和分享，学生能够深入了解心理健康话题，培养团队协作精神，促进彼此的学习和成长。

（五）互动活动法

互动活动法是一种通过设计各种互动性强的活动，以促进学生参与、合作和学习的教学方法。在心理健康教育中，通过互动活动，可以轻松愉快地引导学生学习，并培养他们在合作中解决问题的能力。互动活动法通过设计丰富多样的互动性活动，如游戏、团队建设等，使学生在轻松、活跃的氛围中参与到心理健康教育中来。这种方法注重学生的亲身体验和参与度，从而提高学习的趣味性和吸引力。在心理健康教育中，互动活动可以涉及不同方面的心理健康话题。通过游戏或团队建设活动，学生能够在实际操作中体验和应用心理健康知识，培养解决问题的实际能力。互动活动法的优势之一在于提高学生的参与度。学生通常更愿意参与具有趣味性和互动性的活动，这有助于激发他们对心理健康话题的兴趣，使学习变得更加积极主动。通过互动活动，学生还能够培养团队合作和沟通能力。在团队建设活动中，学生需要共同协作解决问题，这有助于提高他们的合作和沟通技能，同时促进团队协作精神的培养。互动活动法还能够增加学生对心理健康知识的记忆和理解。通过实际操作和亲身体验，学生更容易记住相关概念和技能，使学习更为深入和实际。总体而言，互动活动法为心理健康教育提供了一种富有趣味性和参与度的教学手段。通过设计多样化的互动活动，学生能够在愉快的氛围中学到心理健康知识，同时培养合作和沟通能力。

（六）融合多种方法

融合多种方法是一种综合利用不同体验性教学手段的策略，旨在创造多样化的学习体验。在心理健康教育中，通过交替运用情境模拟、案例分析、角色扮演、小组讨论和互动活动等方法，可以使学生全面、深入地理解和应用心理健康概念。融合多种方法的体验性教学旨在提供学生多样化的学习体验，以满足不同学生的学习需求和学习风格。通过在课程中交替运用不同的教学方法，可以激发学生的兴趣，提高他们对心理健康话题的关注度。情境模拟法可以用来让学生身临其境地感受心理健康挑战，案例分析法则提供深入研究实际案例的机会。角色扮演法能够让学生亲身经历不同角色的感受，小组讨论法促进学生之间的互动和合作，而互动活动法则通过游戏和团队建设增加学生的参与度。通过融合多种方法，学生能够在不同的学习场景中获取知识和技能。这有助于满足学生的多样化学习需求，同时提供全面的学习体验，使学生能够更全面地理解和应用心理健康概念。这种综合运用的方法也能够增加教学的灵活性。教师可以根据学生的反馈和课程进展情况灵活调整教学方法，以更好地满足学生的学习需求。综合而言，融合多种方法的体验性教学为心理健康教育提供了一种丰富而灵活的教学策略。通过综合运用不同的教学方法，可以促使学生全面发展，提高他们的心理健康素质。通过这样层层递进的分层论述，深入了解了体验性教学在心理健康教育中的多种方法，以及这些方法如何共同促进学生的实际学习和能力培养。

第二节　心理健康教育课的学生主体性

一、心理健康教育与"学生本位"

"学生本位"课程体现了建构主义教育思想，将学科知识和教育性活动有机结合，以学生全面发展为目标。在心理健康教育领域，这一理念得到了充分的体现。以下详细论述心理健康教育课程与"学生本位"理念的关系及如何实现学生主体性。

（一）学生本位与心理健康教育

学生本位的课程追求学生的全面发展，而心理健康教育正是关注学生心理素养和心理健康的重要领域。课程不仅传授心理健康知识，更注重培养学生的心理素质、情感管理能力及人际关系技能。学生本位的理念要求尊重学生的个体差异，而心理健康教育需要关注不同学生在心理健康方面的不同需求。通过个体化的教学方法，可以更好地满足学生的个性发展需求。

（二）实现学生主体性的方法

心理健康教育课程应当从学生已有的经验出发，建立在他们的实际生活和感受基础上。通过与学生分享、讨论真实案例，促使学生在学科知识中找到与自身经验相关的内容。通过创设情境、开展小组合作等方式，激发学生的兴趣和主动性。这有助于学生在实际情境中运用心理健康知识，培养实际解决问题的能力。教师在课程中要充当引导者的角色，通过启发性问题、引导性讨论，促使学生对原有心理经验进行反思和转化，形成新的理解和认知。学校心理健康教育课程的实施应强调学生的主动建构过程，让学生成为心理健康教育活动的"主角"。这可以通过设立学生参与的项目、小组研究、实际案例分析等方式实现。通过以上方法，心理健康教育课程能够更好地实现学生本位的理念，使学生成为心理健康领域的积极参与者和主动建构者。这有助于培养学生全面发展的能力，提高他们在心理健康领域的认知水平和实践技能。

二、心理健康教育课重视学生主体性的原因

在心理健康教育中，为什么要强调学生主体性呢？首先，心理健康教育的目标是促使学生在心理层面得到健康发展，要遵循学生心理发展规律，帮助他们完成从"生物人"到"社会人"的转变，不仅要启发学生的心理力量，激发潜能，还要引导和激励他们认识自我、改善自我、建设自我，不断提高心理素质，使他们成为适应社会、受社会欢迎的个体。

在实践中，心理健康教育致力于启发、帮助、引导、激励学生。这就要求教育者将学生置于主体地位，充分尊重学生的内心世界，与他们真心沟通，让学生敞开心扉，进行自我分析和判断。而教育者的角色并非简单地判断和提出建议，而是通过与学生互动，引导他们自主思考，使得建议能够真正被学生采纳并转化为实际行动。

这种主体性的教育理念认为学生是心理发展的主体和主动者，而不是被动者。主体的变化和发展成为检验心理健康教育效果的标志，如果学生能够积极投入、克服心理偏差，提高心理品质，那么教育就取得了成功。相反，如果学生的不良情绪和心理偏差没有得到改善，那么教育的效果就不尽如人意。

总体而言，学生主体性的原因在于心理健康教育的目标和实践需要，通过尊重学生的主体地位，促使其更好地参与心理健康教育活动，从而实现个体心理潜能的发展。

三、如何发挥心理健康教育课学生主体性

（一）树立正确的学生主体观

树立正确的学生主体观意味着将学生视为积极参与教育活动的主体，而不是接受知识。每个学生都有独特的潜能和能力，而教育者的任务是激发并引导这些潜能的发展。学生主体性观念认为，每个学生都有改变自我、完善自我、发展自我的潜力。心

理健康教育的目标之一就是帮助学生认识并发挥这种潜能，使他们在心理层面得到健康的发展。教育者的角色是提供学生多样化的学习方法和途径，而不是僵化地灌输知识。通过提供可选择的方法，学生能够根据自身特点和需求选择最适合他们的学习方式，从而更好地参与教育过程。学生主体性的理念鼓励学生主动参与决策、思考问题，并将所学知识应用于实际生活。教育者的任务是激励学生积极参与自己学习的过程，培养他们独立思考和解决问题的能力。教育者在学生主体性中扮演的是引导者的角色。不是简单地传授知识，而是通过引导，让学生通过自己的力量去体会、感悟。这种引导有助于培养学生的独立学习和问题解决的能力。学生主体性观念强调学生通过自己的力量去体会、感悟。教育者不是直接告诉学生答案，而是通过引导和激发，让学生通过自己的思考和实践去领悟知识，从而更深刻地理解和掌握。树立正确的学生主体观是心理健康教育的基石，它鼓励学生积极参与、主动思考，培养了学生独立学习和解决问题的能力，使教育更贴近学生的实际需求，更有利于他们在心理层面的全面发展。

（二）以积极的眼光看待每一位学生

心理健康教育的成功与否关键在于学生是否能够积极主动地参与其中。如果学生缺乏积极性，教育活动将难以有效展开。因此，教育者需要关注激发学生的学习兴趣和积极参与的方法。由于个体存在差异，学生在心理健康教育课中可能呈现出不同的心理状态，如自卑、退缩或抗拒。教育者需要理解并尊重这些差异，采取差异化的教学方法，关注每个学生的个体需求。面对学生可能存在的负面情绪或态度，教育者的态度至关重要。积极的眼光能够改变学生的心理状态，激发他们参与的积极性。教育者要善于发现学生身上的亮点和优势，用正面的语言和态度鼓励每一位学生。每个学生都有独特的闪光点，教育者应该善于捕捉这些亮点，通过肯定和赞扬激发学生的自信心。这有助于建立积极的学习氛围，让学生更愿意参与心理健康教育课程。学生主体性的观念也包括挖掘学生的潜能。即使学生表现出自卑或退缩，教育者要相信每个学生都有未被发现的潜力，通过引导和激励，帮助他们发现自身的价值和能力。面对学生可能存在的心理障碍或困境，教育者不应感到沮丧或放弃。相反，应该坚持用积极的态度和方法去引导学生，为他们提供支持和帮助，促使他们逐渐融入心理健康教育的过程。对于那些处于自卑、退缩状态的学生，提供额外的支持和关怀尤为重要。教育者可以与学生建立信任关系，提供个性化的辅导，帮助他们逐渐克服心理障碍，更好地参与学习活动。通过以积极的眼光看待每一位学生，教育者能够在心理健康教育中创造积极的学习环境，促进学生的全面发展。

（三）教育内容要符合学生的心理发展需要

心理健康教育的首要任务是激发学生内心深处的需求，使其认识到心理健康对他们的重要性。这需要教育者通过精心设计的内容和方法，引发学生对心理健康的关注和兴趣。教育者应以学生关心的热点问题为主要教育内容，使课程更贴近学生的实际需求。了解学生的兴趣和关注点，将这些因素纳入课程设置，使学生更容易产生共鸣，提高他们的参与度。心理健康教育的内容应当紧密贴合学生的心理发展需要。考虑到学生在不同年龄段的心理特点，课程内容需要具有针对性，既满足他们当前的心理需求，又促进其心理健康的全面发展。教育内容的设置应当以激发学生的兴趣和好奇心为目标，使其对心理健康教育产生浓厚兴趣。只有在学生认为内容具有吸引力，与他们的实际需求密切相关时，他们才会表现出更高的积极性和主动性。教育者可以通过设计与学生生活密切相关的案例，使学生更容易理解和接受心理健康知识。通过实际案例的分析，学生能够更好地将抽象的理论知识与实际情境联系起来，增强学习的实用性和可操作性。通过引导学生参与讨论和互动，教育者可以更好地了解学生的需求和观点，从而调整课程内容。学生在参与讨论的过程中能够更深入地理解和思考心理健康问题，提高他们的学习主动性。教育者可以运用多媒体手段，如图文并茂的资料、视频等，以及实践活动，使心理健康教育更具吸引力。通过多样化的教学方法，满足学生对多样性的需求，提高他们的学习兴趣。最终，心理健康教育的内容设计要紧密贴近学生的实际需求。了解学生的心理状况、困扰和期望，有针对性地提供相关知识和帮助，使学生在学习过程中感受到真正的关怀和帮助。通过以学生关心的热点为主要内容，满足学生的心理发展需求，心理健康教育课程将更具吸引力，学生也更容易表现出积极性和主动性。

（四）教育方法要适合学生的心理特点

学生喜爱活动，思维活跃，易于接受新事物，因此心理健康教育课程应以开展各种形式的课堂活动为基本形式。活动能够更好地吸引学生的注意力，使其更积极地参与学习过程。活动有其他形式不能代替的优点，比如更接近现实生活，能够引起学生的兴趣和共鸣。学生在活动中可以更直观地体验和理解心理健康知识，从而更好地将理论知识与实际情境联系起来。活动形式可以满足学生的表现欲，让他们有机会在特定情境中表达自己的情感和观点。通过参与各种活动，学生能够更全面地展示自己的能力和潜能，增强学习的主动性。活动的形式应当多样化，包括团体辅导、小组辅导、同伴辅导的互助活动，以及专题讨论、角色扮演、情景体验、游戏等形式。不同的活动形式可以满足不同学生的学习需求，提供更灵活的学习体验。利用团体辅导和小组活动，可以促进学生之间的互动和交流，加强彼此之间的理解和支持。这有助于建立良好的团队氛围，让学生在集体中更好地体验心理健康的重要性。通过情景体验和角色扮演，学生能够更深入地理解和体验心理健康知识。这种实践性的学习方法有助于将抽象的概念转化为具体的行为和体验，提高学生的学习效果。利用游戏等富有趣味性的活动形式，可以调动学生学习的积极性。游戏不仅能够提供轻松的学习氛围，还能够在娱乐中传递重要的心理健康知识，使学生在轻松愉快中获得知识。教育者应确保学生在活动中能够将所学的心理健康知识应用于实际的互助活动中，解决一些心理问题。这样的实践过程可以增强学生的实际操作能力，使学习更具实用性。通过采用适合学生心理特点的多样化教育方法，心理健康教育课程能够更好地激发学生的学习兴趣，提高学习效果。

（五）尊重学生，让教师成为引导者，让学生成为课堂主人

心理健康教育课堂活动是师生共同协作完成的过程。教师应扮演引导者的角色，协助学生、提供建议，而非包办一切。整个活动过程应体现学生的主体地位，使学生在活动中发挥自己的主动性和创造性。教师在心理健康教育课堂中要尊重学生，承认他们的主体地位。这种尊重是建立在理解学生需求、关注学生情感的基础上的。只有尊重学生，教师才能真正获得学生的信任，使学生更愿意开放心灵、表露自我。教师的工作是为了让学生成为课堂的主人。这意味着在课程活动设计中，应给予学生最大的空间来发挥他们的能力。学生在课堂中应有权利表达自己的看法，探索解决问题的方法，进行自我情感的宣泄。在心理健康教育课程中，教师应当鼓励学生发表自己的看法。通过给予学生表达的机会，可以促使他们更深入地思考和理解心理健康问题，培养独立思考的能力。学生应被鼓励在课堂中探索问题的解决方法。教师可以提供一些启发性的问题，引导学生思考和讨论，从而培养他们解决实际问题的能力。在心理健康教育课程中，学生应该有机会进行自我情感的宣泄。这有助于他们更好地理解自己的情感状态，寻找有效的情感管理方式，提高心理健康水平。在与学生的交往中，教师应避免使用命令性的口吻。更多地采用与学生商量、倾听的方式，建立平等的沟通氛围，使学生感受到被尊重和理解。教师与学生之间的交流应该是多方面的，建立在平等的基础上。通过与学生商量，可以更好地了解他们的需求和期望，有针对性地进行教学设计。通过尊重学生，使教师成为引导者，让学生成为课堂主人，心理健康教育课程可以更有效地激发学生的学习兴趣，促进他们的全面发展。

第三节 心理健康教育课的生成性

一、心理健康教育课程生成性的理解

心理健康教育课程的生成性理解强调了学生在学习过程中的自主建构和自我发展。实施心理健康教育课程不仅仅是让学生体验和感悟，更要引导他们在这基础上进行新的生成。通过充分的交流和分享，学生在互动中再次创造新的见解和理解。生成的过程不仅要触及学科知识，还要拓展到做人、处事等方面。从广度来看，涉及多个方面的生成；从深度来看，要触及学生的内心世界，包括情感、态度和价值观的层面。生成是学生在"活动—体验—感悟—互动—内省"下自然而然产生的，不是教师简单传授的结果。这种生成具有相对持久的效果，因为它源于学生自身的体验和参与。学校心理健康教育课程的服务对象是心理健康状况正常的学生，目的是帮助他们解决发展中的问题，开发潜能，并促进心理的可持续发展。学生的心理建构是自我不断生成的过程，与心理健康的发展相互促进。传统学科课程是静态的，而心理健康教育课程则是动态的生成过程。它强调学生作为开放系统的自组织特性，将学习看作主体对自身认知结构的主动建构过程。与传统学科课程不同，心理健康教育课程是非程序化的，不可以在事前通过固定的设计进行"完备"规划。课程的每一个环节都可能面临未知和偶然的因素，指导者无法真正控制课程的进程。学生成为活动中自主建构的主体，指导者的角色是提供建构的情景。学生在自主建构中不断生成新的自我，而课程的设计则在这个生成的过程中不断流动和更新。心理健康教育课程的生成性理解体现了对学生自主性和建构性的尊重，强调了学习过程的灵活性和动态性。这种理念使教育更加贴近学生的实际需求，促使学生在学习中真正实现个体差异和全面发展。

二、教师如何促进心理健康课堂生成

（一）目标明确，有的放矢，充分预设

在心理健康教育课堂，确立清晰的目标是至关重要的。目标的明确性有助于课程的有序进行，使教学更加有针对性。有的放矢的教学方法能够更有效地引导学生朝着

既定目标发展。课堂的随机性意味着不可预定的变化和生成性问题的出现。教师在预设时并不需要穷尽所有可能的变化，而是要具备教育智慧，灵活应对随机性，引导生成性问题的出现。在有限的课堂时间内，注重进行有效的和具有创造性的活动是必要的。通过激发学生的积极思考，营造创造性的学习氛围，使学生能够更好地应对心理困扰。在教学内容设计时，要考虑学生的个体差异，包括知识水平和心理状况。因此，教师需要灵活调整教学环节，以满足学生的个体需求。预设的内容必须具有科学性和预见性。教师需要基于学科知识、学生特点和教学经验，提出假设性预案。这些预设需要经过科学的分析和预见，以确保其有效性。学生在生成性问题中的参与至关重要。教师要鼓励学生分享他们的想法、体验和思考，通过集体讨论促进学生之间的交流。教师事先的猜测结果需要在课堂上与学生一同进行讨论和点评。这种互动过程有助于学生理解心理健康知识，并能够在此基础上产生新的想法。心理健康教育课程的成功实施需要教师在设计教学方案时考虑到课堂的动态性和学生的多样性。明确的目标、有效的预设和引导生成性问题的方法都是确保课程有效性和学生积极参与的关键。

（二）营造氛围，激发生成，促进生成

良好的课堂气氛是促进学生生成的基础。教师需要创造和谐愉快的课堂环境，使学生感到轻松自在，更容易发挥潜力。对学生提出的独特想法，教师应该给予呵护、启发和引导，而不是轻易否定。这有助于保护学生的"想"的积极性和自信心，激发他们更多地参与生成性问题的讨论。学生需要有足够的自主学习时间和广阔的联想空间。教师可以在教学中安排一定的自学时间，为学生提供展开思考的空间，从而促进积极的生成性学习。学习与情境的关联性很重要。在接近真实的情境中学习，能够帮助学生更好地理解和同化新知识。教师可以创设具有生动性和丰富性的情境，使学生在学习中能够积极生成新的知识。教师需要深入挖掘教材，了解学生的认知结构，并通过巧妙的形式激发学生的兴趣。这有助于诱发学生的积极思维活动，使他们更主动地参与课堂生成性学习。教师要认真研究教材，深入挖掘知识的内在规律和新旧知识之间的相互联系。通过了解学生已有的认知结构，教师可以更好地设计课堂活动，激发学生生成新知识的兴趣。心理健康教育课堂中，创造积极生成的氛围需要教师的巧妙引导和对学生的关爱。通过提供良好的课堂环境、关注学生独特想法、提供自主学习空间，以及激发学生兴趣，可以有效促进学生的积极生成。

（三）问题驱动，引导生成

通过巧妙的提问引起学生对问题的质疑和思考。问题可以是开放性的，激发学生

的好奇心和求知欲，从而启动生成性学习的过程。教师需要深入了解教材的整体结构，把握知识点之间的联系。这有助于教师有针对性地组织问题，引导学生在整体框架下进行思考和生成知识。根据学习实际，有目的地组织问题进行课堂教学。问题的设置应既能引发学生的兴趣，又能激发他们的思维，促使他们在解决问题的过程中生成新的知识。教师的问题引导不仅限于激发学生思考，还要引导他们深入理解和解决问题。通过对问题的思考和讨论，学生可以逐步形成对知识的理解，实现知识的生成。教师需要提出具有预设性的问题，这些问题旨在引导学生超越教材表面，自主探索和思考。预设性问题的设定需要考虑学生的知识水平和课程目标。问题的目的是引导学生在解决问题的过程中生成新的知识。教师通过引导学生思考、讨论，促使他们从不同角度理解问题，达到对知识的深层次理解和生成。问题驱动教学是一种积极的教学策略，通过提问激发学生的思考和质疑，引导他们在解决问题的过程中生成新的知识。这种方法有助于培养学生的批判性思维和问题解决能力，使课堂更具有活力和深度。

第四节　心理健康教育课的现实性

学校心理健康教育课程应当从学生的真实心理需求出发，选用符合学生心理特点的典型材料，使学生在生活场景中通过自主思考、体验和反思提升心理素养。这意味着学校心理健康教育课程是源于真实生活世界并与之相互关联的一门新型课程。其内容不是追求文本的知识性、学术性和结构性，而是注重设计具有生活气息的心理场景和渲染情境，展现充满生活感的心理空间。

观察心理健康教育的现状，发现它通常脱离真实生活世界，置身于一种"人为设计的生活世界"中。这个生活世界与真正的日常生活，如家庭和社会生活，有所不同。广义上说，它是学校生活，是被处理或净化过的生活世界。这个世界临时摒除了存在于家庭和社会中的功利、自私甚至是恶劣的现象和行为，给予学生一种特殊的环境：充满学习氛围、关心与关爱的场景、权利与义务的共存、信任与归属的建构等。然而，这样的心理健康教育很难体现生活的真实含义，难以贴近生活实际，也难以满足真实需求。

心理健康教育呼吁回归生活世界的初衷还在于重新审视生活世界的教育价值，希望通过生活中的教育事件促使学生进行反思和成长。这意味着要真正接近地气，满足"适需"的需求，使心理健康教育更具实际意义。

一、心理健康教育回归现实生活世界的诉求

（一）心理健康教育要立足于学生发展的实际

现行的心理健康教育存在一些问题，影响了其真正的教育效果。首先，心理健康教育理论性过强，使其与学生的生活实际产生较大的距离。教育理论往往偏离了实际应用，难以贴近学生的日常生活，使得学生难以将所学的理论知识应用到实际问题中。其次，心理健康教育中学生的参与性较低，更多地采用传统的说教方式，使学生处于被动接受的状态。这种教学方式难以激发学生的学习兴趣和主动性，影响了教育的实际效果。最后，心理健康教育更侧重于心理问题解决技能的传授，而对全体学生的发展心理教育关注较少。这导致学生在心理健康教育中只关注具体问题的解决，而忽视了全面的心理发展。

这些问题的根本原因在于心理健康教育偏离了应有的以生活世界为基础的理念。心理健康教育中设定的人为的生活世界难以适应实际的教育需求，导致了这些问题的出现。没有以生活为基础的心理健康教育，学生失去了尝试探索生活世界的机会，使得教育变得抽象和脱离实际，就如同搭建在空中的楼阁，容易陷入形而上的危险。因此，需要重新审视心理健康教育的理念，确保其立足于学生的发展实际，更好地满足学生的需求。

（二）培养个体掌握幸福生活的本领

心理健康教育不仅仅是传授知识，更是为了培养个体在生活中具备掌握幸福生活的本领。这涉及生活的方方面面，包括身体健康、心理平衡、人际关系等多个层面。教育的目的在于让受教育者个体学会在真实的世界中体味生活。这是一种对实际生活情境的回应，强调了教育不仅要满足学科知识的传递，更要关注学生在现实生活中的实际需求。心理健康教育的本质在于引导学生学会健康生活。这超越了纯粹的学科学习，更关注学生的整体素养和生活方式，使其能够在现实生活中过上健康的人生。强调了即使现实生活世界可能是糟糕的，但仍然要让学生学会在其中过上幸福的生活。这是对个体适应和抗压能力的培养，使其能够在困境中找到幸福感。强调了心理健康教育需要回归到生活世界中进行。这是对教育环境的设定和教学方法的反思，强调教育需要贴近学生的实际生活，使其能够更好地应对生活中的各种挑战。只有通过回归生活世界，才能真正发现受教育者所需。这是对教育定位和实效性的强调，使教育更

具有个性化和关怀性。教学方法的强调，学生通过教师的引导自己去反思和体悟。这是对学生主动性和批判性思维的培养，使其能够主动参与学习过程。强调了回归生活世界并不是简单的降到，而是升华到一个更高的境界。这是对教育的期望，使学生在回归中不仅不失去，反而能够提升到更高的人生境界。生活世界的根本性质被定义为真实与健康、快乐与幸福。这是学生期望迁升到的境界，也是教育的根本目标。通过教育，个体能够在真实、健康、快乐和幸福中不断提升。

二、心理健康教育回归现实生活世界的实现路径

（一）树立以生活为基点的心理健康教育理念

心理健康教育理念的根本是以生活为基点，将心理健康与个体的正常生活相联系。心理健康与否是和生活世界相互作用的结果。这种相互作用不仅表现在个体对生活的应对和适应过程中，同时也反过来影响个体在生活中的表现。心理健康的建立和维护需要在生活中寻找平衡和适应。从发生学的角度来看，生活是心理产生的沃土。个体通过在共同生活的过程中与外部世界相互作用，不断地塑造和调整自己的心理结构。因此，生活的品质和方式直接影响个体的心理健康状态。"一个人是通过共同生活的过程来教育自己，而不是被别人所教育的。"这一观点强调了生活作为一个教育主体，个体通过在生活中的经历和互动，不断地进行自我教育。这种自我教育的方式是更为深刻和有力的，因为它直接来源于个体的生活体验。心理健康与否直接来源于生活，并直接作用于生活。这强调了心理健康与个体的生活是紧密联系的，而且心理健康的状况会直接反映在个体的生活中。因此，任何关于心理健康的教育都应该紧密结合生活的实际情境。心理健康教育的最终目的是更好地生活。这意味着通过心理健康教育，个体应该能够更好地适应和应对生活中的各种挑战，以实现更为全面和丰富的生活。需要树立以生活为基点的心理健康教育理念。这是对教育取向的明确，使心理健康教育更加贴近学生的实际生活，使之更为具体、有深度。强调了通过生活世界对学生进行心理健康教育，引导学生在实践中体验，通过这种体验生成自我教育的意识。这是一种注重实践和体验的教育方法，使学生在实际情境中能够更好地理解和应用所学。综合而言，树立以生活为基点的心理健康教育理念是关键的，因为它将心理健康与实际生活紧密结合，使教育更具有实效性和贴近性。

（二）创设心理健康教育的生活世界体验场景

在心理健康教育中，创设生活世界的体验场景是十分关键的，可以帮助学生通过实际经验和情境的体验来培养积极的心态和健康的心理。在这个场景中，学生面临生活中的具体问题，可能是学业上的挑战、人际关系的矛盾、情绪管理的问题等。通过创设真实的问题情境，学生能够在实践中学会问题的解决，并养成面对困难时的积极心态。在对话情境中，学生需要与他人进行交流和沟通，可能是与同学、老师、家人等。这样的场景可以让学生学会在交流中如何表达自己的想法，倾听他人的声音，以及通过对话达到预期的目的。这有助于培养他们的沟通技能和人际关系处理能力。有时生活中会出现各种逆境，如失业、失恋、健康问题等。通过创设逆境生存情境，让学生面对最糟糕的现状时，能够通过积极健康的心理态度来寻找解决问题的办法。这有助于培养学生的应对能力和抗压能力。生活中，团队协作是非常重要的一部分。创设团队协作情境可以让学生体验在团队中合作的重要性，学会有效地与他人协作，解决共同面临的问题。这也有助于培养学生的团队精神和领导力。情绪管理是心理健康的一个重要方面。创设情绪管理情境可以让学生在实践中学会有效地管理自己的情绪，从而更好地适应生活中的各种情境。这有助于培养学生的情绪智慧和自我调节能力。通过创设这些生活世界的体验场景，学生能够更深刻地理解心理健康的概念，并在实践中培养健康的心理状态。这种实际的体验和情境的创设，使得心理健康教育更加贴近学生的实际需求，帮助他们更好地适应、理解和解决生活中的各种问题。

（三）探索"问题解析式"的教育方法

在心理健康教育中，采用"问题解析式"的教育方法是一种积极的探索。"问题解析式"心理健康教育的目标在于实效性，即帮助学生生成直面生活问题、解决问题的能力。强调在实际问题中培养学生的解决问题的能力，使心理健康教育真正服务于学生的生活。方法要针对个体的实际需要，因为每个学生的困扰和问题都可能不同。通过对学生个体的问题进行具体分析和针对性的教育，能够更好地满足他们的成长需求。强调参与性，要求学生在解决问题的过程中积极参与。师生互动是这一方法的关键，通过与学生的深入互动，更好地理解和引导他们的心理健康发展。"问题解析式"心理健康教育要求全员参与，即所有学生都能从中受益。这不仅强调了教育的普及性，也体现了全体学生的共同成长和发展。具体的方法是通过"生活事件"进行心理训练。这意味着将学生置身于真实的生活情境中，让他们直面生活中的各种事件，通过解决问题来培养解决问题的能力。采用"适需"的原则，即根据学生的发展和成长需要来进行心理训练。通过个性化、差异化的方法，更好地满足学生的需求，确保训练的有效性和实效性。将"生活事件"视为重要的生活教育资源，通过这些事件进行心理训练。这是一种回归生活世界的教育方式，更贴近学生的实际情境，有助于培养他们在生活中的实际应对能力。通过"问题解析式"的方法，心理健康教育不再仅仅是理论传授，而是更好地服务于学生的成长。将心理健康教育提升为通识教育、品格教育、能力教育，使学生真正掌握在现实生活中解决问题的本领。通过这一探索，心理健康教育能够更贴近学生的实际需求，更好地引导他们面对生活中的各种挑战，培养出更为健康、积极的心理状态。

第五章

大学生心理健康教育课程改革初试

第一节 大学生健康教育课程现状

大学生在这个阶段面临着诸多心理问题，其中包括自我意识的不稳定性、易变、自我评价的困扰、缺乏自信及学习动力的不足。这一年龄段的大学生一方面渴望拥有属于自己的私密空间，但又担忧与他人疏远，导致一种矛盾的心理状态，既想独处又渴望建立良好的人际关系。在职业选择方面，由于面临激烈的竞争和巨大的就业压力，学生们经常感到心态失衡，表现出嫉妒、自卑和焦虑等情绪。这些心理问题不仅具有共性，还受到个体家庭环境和成长经历的差异而呈现出多样性。

一、教育课程改革的提出

在经济社会的发展下，高等教育需要紧跟时代潮流，适应社会需求，培养出德才兼备、身心健康的复合型人才。心理健康教育成为大学素质教育的关键内容，然而，我国大学生的心理健康状况一直不理想，因此提高心理健康教育的实效性成为亟待解决的问题。在高等院校中，设置心理健康教育课程、开展讲座和心理咨询活动是提高教育水平的主要途径，尤其是设置心理健康教育课程，成为关键手段。然而，在具体实施过程中，存在一些问题，主要包括课程定位不清晰、对教育对象缺乏了解等，这直接影响了心理健康教育的有效性。

在全面推进素质教育的要求下，我国启动了新一轮基础教育课程改革，以使教育体系和人才更符合素质教育和新时代的需求。经过十多年的实施，新课程改革的推行已经在培养学生的新模式中取得成果。高考作为我国的重要评价制度也随之改革，适应挖掘新人才的需要。不少高校获得了高考的自主选择权，使其能够选择符合选拔标准的学生。这些改革体现了新课程改革的理念和目标，培养了具备独立创新意识的合格毕业生。

高校课堂教学面临新的挑战，需要适应时代发展的需要，以更好地促进学生的发展，真正达到培养人才的目的。教育质量是高校的生命线，而课堂教学则是教学质量的核心。近年来，我国高等教育的改革逐渐深化，推动课堂教学改革成为提升高校教学质量的必由之路。

二、国内外课堂教学的研究历史与现状

课堂教学作为一种集体教学形式已经有多年的发展历程。在这漫长的历史中，它经历了不同阶段的变迁，从最初以教师为中心的教学模式，到后来以学生为中心的教学理念，再到如今提出的"双主教学"概念，课堂教学一直在不断改革以适应新时代的需求。尽管发生了很多变化，但在全球范围内，课堂教学仍然是学校教学中最基本的形式之一，依然在教学过程中发挥着至关重要的作用。通过分析和整理课堂教学的历史发展，了解其特点，可以更好地应对未来改革中出现的问题，更有效地解决这些问题。

（一）国外课堂教学发展史

课堂教学这种形式是在 17 世纪开始兴起的，在漫长的发展历程中它大致经历以下四个阶段。

1. 原始发展阶段

17 世纪初至 19 世纪初，课堂教学形式逐渐取代了个别教学，初步形成并开始兴起。在 17 世纪，资本主义工商业的蓬勃发展导致社会对人才的需求迅速增长，传统的个别教学无法满足这一需求。因此，类似于班级教学的组织逐渐出现，新的教学方法得到了认可。捷克教育学家夸美纽斯在《大教学论》中提出了"班级授课制"这一教学组织形式，并规定了符合班级授课的统一教学要求、教材和时间等。夸美纽斯的班级授课制在英美等国的教育发展中产生了深远影响，并在全球范围内推广。这标志着人类教育活动首次在统一的教学标准下，在统一的时间和空间内进行大规模的人才培养，是教育史上的一场革命。这一阶段的课堂教学雏形已经形成，但仍然以单一的知识传授为主，教学组织相对较为松散。

2. 初步发展阶段

19 世纪初期，人们不再满足于原始的只在课堂听教师讲授的教学方式，并开始对这种方式进行批判和深入研究。除了逐渐加深对教学组织外在形式的研究之外，人们开始关注课堂教学的对象，探索学生的学习心理和知识掌握过程，这成为这一阶段发展的特征。瑞士教育家裴斯塔洛齐在他的研究中明确指出，"教学必须遵循直观教学原则"，强调不仅仅是知识的增加，更是智力的累积。他认为教学应根据不同阶段的儿童心理有效地组织。德国教育家赫尔巴赫在 18 世纪末将教学理论与心理学研究结合，强调在学习过程中激发和培养学生学习兴趣，总结出叙述教学法、分析教学法和综合教学法三种教学方法，构成了较为完整的课堂教学方法体系。同时，他提出了阶段教学理论，将学生学习阶段划分为"明了、联想、系统、方法"四个阶段，并发展成著名的"五段教学法"。另一位德国教育学家第斯多惠根据教育学和心理学主张将教学与生活经验结合，强调增加学生思维的培养，提出了"发展性教学"的观点。这些教育家的研究和探索开启了课堂教学改革的第一个浪潮。在这一阶段，对课堂教学的研究不仅局限于表面形式，还深入探讨了教学的组织原则和方法，认识了课堂教学的本质，同时将理论应用于实践，推动了课堂教学的发展。

3. 稳定发展阶段

19 世纪后期，课堂教学的发展进入了一个相对稳定的阶段。在这一时期，欧洲兴起了一场"新学校运动"，该运动更加强调学生的地位，注重培养学生的判断力和研究力，研究了学生的兴趣和需求。然而，由于过分强调学生的中心地位，这种运动否定了教师在教学中的作用。同时，心理学的迅速发展为教育学提供了更为科学的指导。进入 20 世纪后，美国教育理论和课堂教学经历了显著发展，其中最具代表性的人物是杜威和克伯屈。杜威创办了芝加哥实验学校，提出了实用主义教学主张，强调学生的实际体验和实际问题解决。然而，在苏联，对传统教学理论进行了批判和修正，肯定了分班教学的组织形式和教师在教学中的主导作用，凯洛夫是该时期最具代表性的人物之一。他强调基础知识和基础技能在学生知识体系中的重要性，提倡以讲授为主的教学方式，并提出了著名的五环节课堂教学模式：组织教学—复习旧课—讲授新课—巩固新课—布置作业。然而，他过于强调教师传授知识，忽视了学生的主动性。

4. 现代改革阶段

第二次世界大战后，世界进入了一段相对宁静的时期，工业得到了喘息的机会，科学技术也经历了迅猛的发展，迎来了知识爆炸的时代。在这个时期，教育理论百花齐放，各种学派争相涌现，为课堂教学提供了更多的思想观点。新传统派教育理论包括要素派主义和永恒主义等涌现出来，而存在主义教育哲学、分析主义教学理论等也相继推出，为课堂教学提供了更多的科学指导。其中，结构主义理论对现代课堂教学产生了深远的影响。瑞士心理学家皮亚杰和美国心理学家布鲁纳是结构主义理论的代表人物。

结构主义理论强调课堂教学不仅是知识的传授，还必须结合学生的心理发展结构，促进智力的发展。皮亚杰提出了"发展认识论"，鼓励学生在课堂中发挥主动性，通过"发现法"自主学习和解决问题。美国心理学家斯金纳在 20 世纪 70 年代提出强化理论，对课堂进行改革，强调学生的主体地位，注重智力和知识的发展，提出了更科学、最优化的教学组织方式。

总体而言，这一时期的课堂教学发展具有三个特征：强调学生的主体地位，关注智力和知识的共同发展，使课堂教学组织更趋向科学化和最优化。在现代改革阶段，课堂教学目标从注重知识转向知识与能力并重，教学组织方式从大班授课向集体授课为主、小组教学和个别教学为辅的方向发展，师生关系由以教师为中心向"双主教学"发展，教学方法从单一讲授法向多种方法有机结合发展。这一时期的改革旨在适应时代发展的需求，培养适应社会发展的优秀人才。

（二）国内课程改革研究

高校课堂教学观的研究涵盖了多个方面，其中教学价值观、教学目的观、教学过程观、教学内容观和课程观等属于课堂教学观的不同维度。研究者关注教学价值观的构成要素，将其分为教学的属性和人的教学需要。重点在于弘扬学生的主体性，使学生在教学过程中更加积极参与。学者们对教学目的的研究认为，教学的目的在于促进学生个性的全面发展，实现精神自由，以及师生间的共同理解。这表明教学不仅关注知识的传递，还强调对学生个性和精神层面的关照。研究者强调教学过程是知识传播与生成、生命成长与形成、师生间互动和共同参与的精神游戏。这种观点突显了课堂教学过程的多维度性和互动性。学者们主张教学内容应注重知识与能力的并重，科学与人文的并存，知识与情感的交融，以及知识与生活的交汇。这种综合性的教学内容观有助于培养学生的全面素养。关于课程观的研究强调教师要善于处理教材，将知识传授的过程转变为学生主动发展的过程。这体现了对课程设计和教学过程的关注。在高校课堂教学模式的研究中，学者们提出了多种教学模式，包括基于探究的教学模式、主体教育课堂教学模式、合作学习模式、小班化教学模式等。这些模式强调了学生的主体性、合作性，以及创新性思维的培养。这种多元化的教学模式为适应不同学科和学生群体提供了灵活的选择。这些研究不仅有助于更深刻地理解高校课堂教学的本质，也为教育实践提供了有益的启示。

第二节　大学生健康教育课程相关研究

一、课程改革的相关概念界定

（一）教学的含义

"教学"这一词在辞海中有三种释义：一是指教师传授给学生知识、技能的过程；二是指教育；三是指教书。不同国家的教育学家也对教学有不同的解释。苏联教育家斯卡特金认为，教学是传授社会经验的手段，通过教学传授社会活动中各种关系的模式、图式、总的原则和标准。美国教育心理学家布鲁纳认为，教学是通过引导学习者对问题或知识体系循环渐进地学习来提高学习者正在学习中的理解、转换和迁移能力。王策三认为教学是教师教、学生学的统一活动，在这个活动中，学生不仅掌握知识和技能，同时身心获得一定的发展，形成一定的思想品德。李秉德认为教学是指教的人指导学的人进行学习的活动，进一步说，是教和学相结合相统一的活动。

在这多样的定义中，有几个共同的要点。首先，它们都强调了"教"与"学"的统一性，认为教学需要同时包括教师的教和学生的学，两者相辅相成。其次，它们明确了教学中实施者和接收者之间的关系，强调了教师和学生在教学中的互动和合作。最后，它们强调了教学的全面性，不仅包括知识和技能的传授，还包括对学生"做人"的培养，注重培养学生思想品德的形成，使其全方位发展。

教学有两方面的功能：一方面促进社会的进步和发展，通过在短时间内高效传递知识财富，为未来的社会实践和新知识的创造打好基础；另一方面可以培养学生的个性，使其在思想、知识和技能上全方位发展。这使得教学成为一个服务于社会和个体全面发展的重要过程。

（二）班级授课制的概念

班级授课制，又称为班级教学或课堂教学，是一种基本的课堂组织形式。它将年龄和程度相近的学生编为固定人数的班级，教师按照各门学科的教学大纲规定的内容，组织教材并选择适当的教学方法，在规定的时间内向整个班级的学生进行授课。这一教学组织形式起源于近代资本主义兴起时期，夸美纽斯是 17 世纪最早对班级授课制进行总结和论述的教育学家。18 世纪，赫尔巴特提出了有关教育过程形式和阶段等理论，进一步完善了班级授课制的概念。直到凯洛夫等教育学家提出"课"的类型和结构概念，班级授课制才成为一种完善有效的教学组织形式。

班级授课制的优势包括：通过一名教师对同一班级学生进行集体授课，提高了教师的教育效率；以"课"为教学活动的单元，增强了学生学习知识的完整性和系统性；根据时间和计划更好地安排教学，提高了效率；充分发挥了教师的主导作用；同龄学生之间更好地进行相互交流和讨论。

然而，班级授课制也存在一些局限性，如忽视学生的主动性、教学计划的统一性、教学内容的单一性及对学生个性发展的限制等。因此，各国一直在探索更符合现代社会需求的教学组织形式。在这个过程中，一些国家提出缩小班级规模的运动，并强调班级授课制与其他形式的结合，以弥补其不足之处，使教学环境更具弹性。

（三）课堂教学的含义

课堂教学的确是一个复杂而庞大的系统，各种要素相互交织，构成了整个教学过程。班级授课制是这个系统的基本组织形式，而构成性要素和过程性要素则为这个系统提供了结构和运行的支持。

在构成性要素中，学生是主体要素，他们在课堂教学中承担着接受教学信息的角色，而其学习情感意向、学习智能、基础知识和个性品质等因素直接影响着学习效果。教师则是主导因素，负责组织教学内容、设计教学方法和引导学生学习，而教师的教学态度、教学技艺、智能结构和个性品质等方面的因素对于教学的质量起着关键作用。教学内容是传递教学信息的要素，内容的选择、组织、展开与表达等方面的因素直接关系到学生对知识的理解和掌握。教学媒体则是传递教学信息的物质要素，媒体的选择、组合、质量和运用方式等因素对信息传递起到决定性的作用。

过程性要素则由教学目标、教学方法、教学内容、教学形式和教学结果这五大要素组成。教学目标包括认知、情感和发现目标，是指导整个教学活动的关键。教学内容涵盖了知识、技能、人生观、价值观和思维方法等方面，为学生提供了全面的学科素养。教学方法多种多样，包括体验式、发现式、探究式等，目的是通过不同的方式激发学生的学习兴趣和能力。教学形式主要以班级授课为主，辅以其他形式的教学如参观、实验研究和社会活动等，以丰富学生的学习体验。而教学结果则通过综合评价来反映学生在教学过程中的学习成果。

这些要素相互作用，共同构成了一个复杂而有机的课堂教学系统。在实践中，教育者需要综合考虑这些因素，灵活运用各种手段和方法，以提高教学的效果和质量。

二、课程改革相关理论依据

在推动高校课堂教学改革时，理论的指导是至关重要的。借助于教育心理学和教育技术学等理论，特别是建构主义观点的引入，为改革提供了新的认知框架。这一理论取向对传统的认识论进行了批判，同时在已有的理论基础上构建了新的认识论、学习论和教学论。

（一）建构主义的学习观

1. 建构主义的知识观

在建构主义知识观中，知识被视为一种主动建构的过程，而非被动接受的结果。心理学家奥苏贝尔强调学习者现有经验的作用，认为新知识的建构是将新旧知识联系起来，将新知识融入原有知识体系中。因此，学习者只有通过自身的建构，赋予知识以个人理解，才能真正吸收知识。建构主义知识观还强调知识是个人经验的合理化过程。每个学习者在建构知识时都依赖于已有的知识经验，而每个个体建构出的知识并不一定反映真实世界，因此知识并不能被视为揭示世界真理的工具。此外，知识被看作是个体与他人经过协商达成一致的社会建构。尽管建构主义认为知识是个体经验的合理化，但对于知识的建构并非随意进行，而是需要与其他个体达成一致。

2. 建构主义学习观

第一，学习不仅仅是将知识传递给学习者，而是学习者主动接收信息，并在已有的经验基础上主动加工、整理和分析这些信息，从而将外部信息构建为内部知识。学习是一种主动建构意义的过程，这个过程是不可替代的。第二，构建新知识是外部信息与内部经验相互作用的过程。外部知识本身并没有具体的意义，只有通过重新解读和编码，使之成为内部经验，才能赋予其新的意义。同时，不能忽视已有的知识经验，应将其作为新知识的"生长点"，通过不断建构新的知识经验来调整已有的知识结构。第三，建构的意义因个体理解的不同而异。每个学习者过去储备的知识量和程度都存在差异，面对相同问题时，学习者会在相关经验的基础上建构新的意义。由于背景经验的差异，建构出的新知识体现了学习者的个体差异性。第四，建构主义注重学习过程中的讨论和交流。通过合作学习，学习者能够看到对同一问题的不同理解，充实自己的知识结构，深化对问题的理解。通过讨论，学习者可以获得更多观点，开阔思维，学到新知识，重建新的知识经验。第五，建构主义学习观要求学习者进行积极、目的性的学习，并且定期对学习过程进行诊断和反思。在建构主义学习中，学习者应积极主动地开始学习，制定明确的学习目标，并通过不同途径达到这些目标。学习的积累不是简单的量变，而是质的飞跃。

（二）建构主义的教学观

从教学目的的角度来看，学生是知识的积极构建者。传统教学通过设定教学目标来规划教学内容和计划，甚至以完成教学目标的程度来评估教学质量和教学成果。传统的教学目的是帮助学生了解和认知世界，而不是鼓励学生主动分析和解决问题。在建构主义学习环境中，教学的目标是学生对知识进行建构的过程，强调学生的主体地位，注重培养学生创造性思维。

从教学模式的角度看，建构主义旨在为学生构建一个以学生为中心的教学环境。在这个环境中，教师充当引导者和引路人的角色，引导学生建构知识体系，利用多种教学模式激发学生的积极主动学习，最终使学生有效构建知识。

从教学方法的角度看，建构主义理论为学生有效地构建知识意义开发了多样化的教学方法，包括支架式教学、抛锚式教学、自上而下的教学、情景教学等。

1. 情境教学

首先，实际情境教学法将教学置于具体的真实情境中，以学生在现实生活中遇到的问题为出发点。实际情境教学的内容应选自真实生活中的实际问题，不能将其简化成无现实意义的模型。在解决这些问题时，可能涉及多学科知识，实际情境教学主张弱化学科之间的界限。其次，实际情境教学所解决的问题并非教师事先准备好的，它的提出过程类似于现实中专家研究某类问题的探索过程。教师为学生构建相应的学习环境，引导学生发现问题的矛盾点，并通过积极探索寻求解决方案。从大学生的认知发展水平来看，他们具备自主学习的能力，基础知识的获取可以由自学为主。因此，教师可以将课堂重点放在实际情境的构建上，更多地培养学生的思维能力。

2. 支架式教学

在支架教学中，教师的角色类似于支架，帮助学生建构和内化所学的知识和技能，以提高学习者的认知水平。通过教师的支架作用，逐渐将学习的任务从教师转移到学生身上。教师引导学生逐步将知识内化为自身的经验，并在建构过程中进行矫正，以确保学生建立正确的知识结构。

3. 随机通达教学

在随机通达教学中，学习者在对知识信息的建构过程中，根据以往经验的不同，对所建构的知识理解也各不相同。这种教育方法旨在通过为同一问题建立不同的学习情境，让学习者在不同的背景下对同一知识建构出不同的意义，从多个角度全方位地理解问题。教师的任务是引导学生对这些不同的意义进行比较和判断，进而搭建属于学生自己的知识体系结构。

4. 自上而下的教学

自上而下的教学是建构主义的一种方法，与传统的教学方式相反。传统的教学通常是从基础知识开始，逐渐深入，层层递进地向上探究问题。而自上而下的教学则以问题为出发点，引导学生探索和研究解决问题的方法，最终在问题的探究过程中建构知识意义。这种教学方法强调学生的主动参与和合作学习，鼓励教师和学生之间的相互交流，通过交流促进共同的知识建构。这样的教学方式有助于培养学生的独立思考和问题解决能力。

5. 大学生心理健康教育课程改革建议

（1）在教学中，采用多样化的教学方法是非常重要的。通过使用不同的教学方法，可以更好地满足学生的多样化需求，提高学习的效果。在心理教育课程中，这一点尤为关键。采用讲授法时，教师可以系统地传授心理学的理论知识，引导学生理解基本概念和原理。这种方式适用于向学生介绍心理学的基础知识，建立起整体的学科框架。心理测试法则可以帮助学生更深入地了解自己的心理特点。通过参与心理测试，学生可以发现自身的优势和不足，有助于个体的自我认知和成长。同时，教师可以根据测试结果进行个性化的指导，提供有针对性的心理辅导。心理游戏是一种寓教于乐的方式，通过游戏的形式让学生在轻松的氛围中学到知识。这种互动性的教学方法可以促进学生之间的交流和合作，培养团队协作的能力。总体而言，采用丰富、灵活的教学方法，有助于激发学生的学习兴趣，提高他们的学习动力。通过不同的教学方法，可以更好地满足学生的学科需求，培养其综合素质。

（2）将课堂教学与课外实践有机结合是非常明智的教学策略，尤其对于心理健康教育而言。这种有机结合可以加强学生对理论知识的理解，并促使他们将这些知识应用到实际生活中。通过组织学生参与社会、学校组织的各种专题讲座和公益活动，学生能够接触到更加实际、贴近生活的心理健康问题。这种亲身经历有助于加深对理论知识的印象，并提高对心理健康的认知水平。同时，参与各类活动也能够培养学生的团队协作精神和社交能力。鼓励学生积极参与学校和班级开展的各种活动，可以帮助他们建立更多的社交关系，增强对学校的归属感，有助于心理健康的全面发展。同时，这些活动也是学生实践心理健康知识的机会，通过参与实践，学生能够更深刻地理解和应用所学的内容。教师的引导作用尤为重要，他们可以在课堂上提供相关的理论知识，然后通过课外实践活动引导学生将这些知识应用到实际中。通过这样的方式，可以使心理健康教育更加贴近学生的实际需求，提高教学的实效性。

（3）对于心理健康教育课程的评价确实是确保教学效果的重要环节。关注学生在课堂上掌握的心理健康知识是非常必要的，但同样重要的是关注这些知识在实际生活中的应用和学生心理健康水平的整体提升。采用多元的评价方法，如心理测量和行为观察，可以更全面地了解学生的学习情况和心理健康状况。心理测量可以用于评估学生对知识的掌握情况，而行为观察则可以观察学生在实际情境中运用这些知识的能力。这样的综合评价能够更好地反映课程的实际效果。在评价过程中，要避免仅仅依赖考试分数，因为心理健康教育更强调学生的实际运用能力和情感态度的培养，而这些方面可能不完全通过传统的考试形式来衡量。因此，更加综合的评价方法有助于全面了解学生的发展情况。及时的评价反馈对于教学的改进至关重要。通过评价结果，教师可以发现教学中的不足和学生可能存在的问题，从而调整教学方法和策略。及时的指导和反馈可以更好地帮助学生理解知识，提高学习动力，同时也为教师提供了改进教学的方向。

（4）利用网络平台进行心理教育是一个非常现代化和实用的方法。通过建立心理健康教育网络，可以更广泛地触达学生，为他们提供更加灵活和方便的学习机会。网络平台的开放性可以促进学生之间的交流和合作。学生可以在网络上分享彼此的心得体会，进行讨论，从而形成更为丰富的学习社区。这样的互动不仅有助于学生更好地理解心理健康知识，还可以促进他们在实际生活中的应用。网络心理咨询是一项非常贴近学生需求的服务。通过网络平台，学生可以在需要的时候方便地进行心理咨询，得到及时的帮助和支持。这种灵活的咨询方式符合现代学生的生活方式，提高了心理健康服务的可及性。在建设网络平台时，需要注意保护学生的隐私和信息安全，确保平台的内容丰富、可靠，以及教学资源的合理利用。通过网络平台的渗透，可以更好地推动心理健康教育的深入发展。

第三节　大学生健康教育改革的必要性

大学生健康教育改革的必要性在于适应当代大学生面临的新挑战和需求，促进其全面发展和健康成长。

一、应对心理健康压力

对大学生心理健康问题的关注确实至关重要。提供心理咨询服务是一个很有效的途径，可以帮助他们更好地应对各种压力，促进心理健康的发展。心理健康教育可以包括对心理健康知识的普及，培养学生对自身心理状态的认知和管理能力。通过课程、讲座等形式，向学生传递积极心理学的理念，帮助他们树立正确的人生观、价值观，提高应对压力的心理韧性。心理咨询服务则可以提供一个私密、安全的空间，让学生能够畅所欲言，表达内心的困扰和烦恼。心理咨询师通过专业的技巧，帮助学生理清思绪，找到问题的根源，并提供有效的解决方案。这种个性化、针对性强的服务对于缓解心理压力、促进心理健康非常有益。在健康教育中，还可以引导学生养成健康的生活方式，包括良好的作息习惯、合理的饮食结构、适度的运动等。这些方面的教育有助于提高学生整体的生活质量，从而对心理健康产生积极的影响。通过多方位的健康教育和心理咨询服务，可以更全面地照顾大学生的心理健康，让他们在面对各种压力时更加从容和坚韧。

二、促进身体健康

身体健康是学生全面发展的基础，对于长期面临学业和研究的大学生来说，保持良好的身体状态显得尤为重要。身体健康教育的引入可以帮助学生更全面地认识和关注自身的身体状况，培养良好的生活习惯。合理的饮食结构是身体健康的基础之一。通过身体健康教育，可以向学生传递关于饮食平衡、膳食营养的知识，引导他们在饮食方面作出明智的选择。了解各类食物的营养成分，制订合理的饮食计划，对于维持身体健康和提高免疫力都有积极的作用。适量的运动是维持身体健康的重要手段。通过身体健康教育，可以向学生普及运动的好处，介绍各种适合大学生的锻炼方式。鼓励学生每天进行适量的体育锻炼，不仅有助于保持身体健康，还有助于释放学习和生活中的压力。此外，睡眠质量也是身体健康的重要方面。身体健康教育可以向学生传递有关睡眠的科学知识，提醒他们保持规律的作息时间，培养良好的睡眠习惯。充足的睡眠对于学生的学业和身体健康都有着积极的影响。通过这些身体健康教育的措施，可以帮助大学生更好地管理自身的身体状况，提高免疫力，增强抵抗力，更好地面对学业和生活的各种挑战。

三、防控新型健康挑战

随着社会的发展和科技的进步，新型健康问题确实成为了影响大学生健康的新挑战。互联网成瘾、近视等问题日益突出，需要采取有效的健康教育手段来认知和防范这些问题，帮助学生建立正确的数字生活和用眼习惯。针对互联网成瘾问题，健康教育可以通过向学生传递有关互联网成瘾的危害和影响，引导他们正确使用互联网，培养理性的上网习惯。提供实用的自我控制方法，帮助学生更好地平衡线上和线下生活，避免过度依赖互联网。近视问题也是大学生面临的普遍健康问题之一。健康教育可以包括眼保健操、科学用眼等方面的知识，提醒学生保持正确的用眼姿势，避免长时间盯着屏幕。通过提供关于近视的危害和防范措施的信息，帮助学生树立正确的用眼观念。此外，对于其他新型健康问题，比如手机依赖、电子产品辐射等，健康教育也可以制定相应的内容和方法，帮助学生全面了解这些问题，并提供实际的防范建议。通过引入对新型健康问题的健康教育，可以提高学生对这些问题的认知水平，培养正确的健康意识和行为习惯，从而更好地预防和应对新型健康挑战。

四、提升综合素质

综合素质的提升是大学生全面发展的关键。在健康教育改革中，可以通过拓展教育内容，涵盖社交技能、人际沟通等方面，以提升学生的综合素质，增强他们适应社会需求的能力。社交技能的培养可以包括团队协作、领导力、沟通能力等方面的内容。通过实际案例和角色扮演等教学方法，帮助学生理解和掌握社交技能的重要性，培养他们在团队合作中的能力，提高与他人合作的效率。人际沟通是综合素质中不可或缺的一部分。健康教育可以引导学生学习有效的沟通技巧，包括倾听能力、表达能力、解决问题的能力等。通过模拟实际场景的沟通情境，培养学生在各种社交场合中灵活应对的能力。此外，还可以引入情商教育的元素，帮助学生提高情绪管理、人际关系处理等方面的能力。这有助于培养学生更加全面、成熟的个体，使其在未来社会生活和职业发展中更具竞争力。通过健康教育改革提升大学生的综合素质，有助于培养更具社会责任感和适应能力的新一代人才。

五、培养健康生活态度

培养健康生活态度是大学生综合素质的重要组成部分。在健康教育改革中，可以通过以下方式培养学生积极向上的生活态度和正确的价值观：引导学生反思生活的价值和意义，帮助他们形成积极的人生观和价值观。通过课程内容和实际案例，启发学生思考人生目标和追求，使其认识到健康与幸福的密切关系。引导学生认识到工作与生活的平衡对于身心健康的重要性。通过案例分析、小组讨论等方式，帮助学生制定并实践合理的时间管理和生活规划，避免过度焦虑和压力。在健康教育中融入心理健康教育的元素，帮助学生了解情绪管理、心理调适的方法，培养积极向上的情感态度。通过实例演练和角色扮演，让学生学会正确应对生活中的挑战。引导学生树立社会责任感，关注社会问题，通过参与社会实践活动和志愿服务，培养学生的社会责任心，使其认识到个体的生活与社会的互动关系。向学生传递健康生活方式的知识，包括科学饮食、适量运动、良好睡眠等。通过实际操作和案例分享，激发学生主动追求健康生活的愿望。通过以上方法，可以培养大学生积极向上的生活态度，使其具备面对未来生活和职业挑战的坚定信念和积极心态。这样的改革有助于塑造更加全面、健康的大学生个体。

六、适应社会发展需求

随着社会的不断变化，新的职业形态和社会责任对大学生提出更高要求。健康教育改革有助于使大学生更好地适应社会发展的需求，更好地发挥其在社会中的作用。健康教育可包括职业发展规划的内容，引导学生了解各行业的发展趋势、未来职业需求等，帮助其更好地选择和规划职业生涯。这有助于大学生更好地适应社会职业结构的变化。通过健康教育，可以培养学生的创新意识和创业精神，使其更好地适应社会创新和创业的需求。提供创业实践机会和创新项目，锻炼学生面对挑战的能力。强调社会责任感的培养，使学生认识到个体与社会的紧密联系。通过社会实践和志愿服务，让学生亲身体验社会需求，培养其为社会发展贡献力量的意识。引入全球视野的健康教育内容，使学生更好地适应全球化的社会需求。培养跨文化沟通和合作的能力，使大学生具备参与全球事务的能力。强调社交技能和人际沟通的培养，使大学生更好地适应社会交往的需求。这包括团队协作、领导力培养等方面，提高学生在社会中的竞争力。通过以上改革，大学生将更好地适应社会的发展需求，更好地发挥其在社会中的作用，为社会的进步和发展贡献才智和能量。这样的改革有助于培养具备综合素质的现代大学生，更好地迎接社会变革的挑战。

通过对大学生健康教育的全面改革，可以更好地促进大学生的全面发展，使其在学业、职业和生活中更健康、更有活力。

第六章

大学生心理教育课程改革后的教学设计

第一节　课程教学设计的基本特点和功能

有学者认为，教学设计是指教师在教学工作开始之前，根据现代教育理论的基本观点与主张，依据教学目的和要求，通过对课堂教学过程中各要素的系统分析，确定合适的教学起点，创造一种教学活动模式，并形成有序的操作流程，其目的是指导教学工作的有效实施。良好的教学设计是优化教学资源、提高教学效率的重要措施。

一、教学设计的基本特点

（一）教学设计是为课堂教学活动指定蓝图的过程

在教学设计的过程中，教师需要精心规划每一个课堂教学活动的细节，确保其符合整体教学目标。教学设计的蓝图不仅包括课程内容的组织安排，还涉及教学方法、教学资源的选择，以及评价方案的设定。通过细致入微的规划，教师可以有效地引导学生在课堂中的学习过程，使其更加系统和有序。教学设计扮演着指导和约束课堂教学的角色，为教学活动提供了清晰的方向。通过明确的教学设计，教师能够在课堂上有针对性地引导学生，确保他们理解和掌握关键概念。同时，教学设计也为学生提供了一个有序的学习框架，使他们能够更好地理解知识的内在逻辑和关联性。教学设计不仅仅是静态的蓝图，它还是一个动态的过程。通过不断地观察学生的学习情况，教师可以及时调整教学策略和方法，以满足学生的学习需求。这种灵活性使教学更具针对性和适应性，确保教学过程更加富有成效。总体而言，教学设计是教学活动的精心策划和组织，是为了创造一个有利于学生学习的环境。通过这个过程，教师能够更好地发挥引导和促进学习的作用，确保课堂教学活动的成功进行。

（二）教学设计的基本方法是系统的方法

系统的方法在教学设计中的运用确实能够带来许多优势。通过将教学活动看作一个有机系统，教师可以更全面地理解和把握各个组成部分之间的相互关系。这种综合性的思考有助于确保教学设计的协调性和一致性，使得整个教学过程更为流畅和有效。在系统的方法下，教学设计不再是简单地堆砌知识点和教学活动，而是关注这些元素之间的相互作用。通过深入了解各个要素之间的联系，教师能够更好地优化教学过程，确保每个环节都对整体教学目标的达成起到积极作用。此外，系统的方法也使得教师能够更好地应对复杂多变的教学情境。教学不仅仅是线性的知识传递，还涉及学生的个体差异、课堂氛围等多方面因素。系统的思维可以帮助教师更好地处理这些复杂性，及时调整教学策略以适应不同的情境。总体而言，系统的方法为教学设计提供了一种更为科学和综合的思考方式，使得教学更具有系统性和整体性。通过这种方法，教师能够更好地发挥教学设计的作用，确保教学的高效性和质量。

（三）课堂教学设计是一项富有创造性的工作

创造性是教学设计的精髓。每个学生都是独特的，有着不同的学习风格、兴趣和需求，而创造性的教学设计能够更好地迎合这种多样性。教师需要在教学设计中发挥创意，灵活应对不同的教育场景和学生个体差异，以创造一个更有启发性和吸引力的学习环境。创造性的教学设计不仅仅体现在教材的处理上，还包括教学方法、活动设计及评价方式等方方面面。通过创新的思维，教师能够提供更富有趣味性和参与感的学习体验，激发学生的学习兴趣和动力。此外，创造性的教学设计也能够促进教育的发展和变革。随着社会的不断变化，传统的教学方法可能已经不再适应新时代的需求。通过创新性的教学设计，教师能够引入新颖的教育理念和技术手段，推动教育的进步。总的来说，教学设计的创造性是为了更好地满足学生的个性化需求，激发他们的学习潜能。在不断变化的教育环境中，教师的创意和创造性思维将是推动教育不断发展的关键。

（四）教学设计具有灵活性和具体性的特点

教学设计的灵活性和具体性确实是应对复杂教学环境和个体学生差异的关键。灵活性使教师能够根据具体情境和学生需求做出调整，以更好地达到教学目标。在课堂中，教师可能会面临各种的挑战，如学生的理解速度、关注度、学科兴趣等因素，需要灵活变通地调整教学策略和方法。同时，具体性保证了教学设计的实际可行性。每个环节都要有明确的目标和步骤，确保教学活动的有序进行。例如，教学内容的选择和安排需要根据学科内在逻辑和学生的认知发展规律，使得知识的传递更为顺畅。这种具体性也使得教学设计更具操作性，为教师提供了具体的执行方案，有助于教学的实施和评价。在灵活性和具体性的平衡中，教师能够更好地应对变化多端的教学场景，同时确保教学设计的切实可行。这种灵活性和具体性的结合体现了教师在教学设计中既要有整体把握，又要注重细节处理的需求。

二、课堂设计的功能

（一）有利于课堂教学的科学化

科学化的教学设计确实能够提高课堂教学的效果。通过从教育学、心理学等科学领域的知识中获取理论支持，教学设计可以更好地理解学生的认知、发展和学习特点，为教学活动提供科学依据。科学化的教学设计也意味着更系统地考虑教学过程中的各个要素。从教学目标的设定、教学方法的选择，到评价方式的设计，都可以通过科学方法进行优化和调整。这有助于确保教学活动在整体上更加协调和有针对性。另外，科学化的教学设计还能够通过研究教学实践的数据和反馈信息，进行不断的调整和改进。这种循环的科学方法使得教学设计能够适应不断变化的教育环境和学生需求。总的来说，科学化的教学设计通过运用科学的原理和方法，提高了教学的系统性和科学性，使得教育活动更具有效性和可持续性。

（二）有利于课堂教学效率和效果的提高

教学设计的科学性和合理性可以直接促进课堂教学效率和效果的提高。通过对学习者、学科内容和教学环境的深入分析，教师能够更准确地确定教学目标，选择合适的教学方法和策略。在教学设计中，对学科内容的再提炼和组织可以使教学更加紧凑和系统化，避免了无谓的冗余，使学生更容易理解和掌握知识。同时，合理的教学方法的选择和教学形式的运用可以激发学生的学习兴趣，增加课堂参与度，提高信息的吸收和记忆效果。教学设计还可以通过设定明确的评价标准和反馈机制，及时了解学生的学习情况，为调整教学策略提供依据。这种循环的调整过程有助于适应不同学生的学习风格和需求，提高整体的教学效果。总体而言，科学而合理的教学设计是提高课堂教学效率和效果的关键。它通过精心的规划和组织，使得教学更有针对性、吸引力和有效性，促进了学生的学习动力和深度理解。

（三）有利于教学理论和教学实践的结合

教学设计确实是理论与实践之间的重要桥梁。通过将教学理论运用于实际教学设计中，教师能够更有针对性地制定教学目标、选择教学方法，从而更好地引导学生的学习。教学理论提供了一种指导性的框架，使得教学设计更有系统性和科学性。同时，教学设计也是将教学理论与实践经验相结合的过程。在实际的课堂教学中，教师会面临各种复杂的情境和学生的个体差异，需要不断根据实践经验进行调整和改进。这种实践中的反馈信息又可以为教学理论的修正和完善提供重要依据。因此，教学设计的过程实际上是一个动态的、不断迭代的过程，通过理论的指导和实践的检验，形成更为成熟和可行的教学方案。这种紧密的理论与实践结合，使得教学设计更具可操作性和实效性，能够更好地适应不同的教育环境和学生需求。

（四）有利于教师成长和发展

教学设计的确是教师成长和发展的重要途径。通过设计教学活动，教师能够深入思考课程内容、学生需求及教学方法的选择，从而提升自己的专业水平和教学技能。首先，教学设计要求教师对教学理论有更深层次的理解和应用。在设计过程中，教师需要考虑到学科知识的结构、学生认知发展的规律等理论因素，这促使教师对教育学、心理学等领域的理论有更深入的了解。其次，实际的教学实践是教师成长的重要阶段。通过教学设计的实施，教师能够在实际操作中发现问题、总结经验，并不断优化自己的教学方法。这种循环的反思和调整过程是教师成长的关键。另外，教学设计也为教师提供了创新的机会。通过不断尝试新的教学策略和方法，教师能够拓展自己的教学工具箱，丰富自己的教学经验，从而更好地适应不同学生和教学环境的需求。总体而言，教学设计是一个促使教师不断学习、不断调整的过程，有助于提高其专业水平，实现教学能力的全面发展。通过这个过程，教师能够更好地适应教育领域的发展和变化，实现自身的职业成长。

第二节 心理健康教育新课程教学设计的基本要素

教学设计应包括以下要素：第一，学生及其需要的分析；第二，教学内容的分析；第三，教学目标的确定与阐述；第四，教学策略的制定与教学方法的选择；第五，教学媒体的选择和运用；第六，教学评价的设计。

一、学生特征分析

学生特征分析是确保教学设计贴近学生需求的关键一环。初始能力的了解有助于教师把握学生的基础水平，因而更好地设计课程内容，确保学习的连贯性和渐进性。一般特征方面的了解则使教师更能理解学生的个体差异，更好地运用差异化教学策略，满足不同学生的学习需求。年龄、性别、学级等一般特征的分析可以帮助教师更好地理解学生的生活背景和心理状态，为教学提供更有针对性的支持。例如，针对不同年级的学生，教学内容和教学方法可能需要调整，以适应他们不同的认知水平和学科需求。另外，了解学生的学习动机、个人期望及家庭、社会经济背景等因素，有助于教师更全面地了解学生的学习动力来源和面临的挑战。这为教学提供了更具针对性的引导，使教学更符合学生的个性和需求。总的来说，学生特征分析为教师提供了关键信息，有助于个性化教学和提高教学效果。通过深入了解学生，教师能够更好地调整教学策略，提供更有针对性的支持，促进学生全面发展。

二、教学内容的分析

学习内容分析的逆向思维确保了教学设计更好地服务于学习目标的实现。通过深入分析学习内容，教师能够更好地把握知识体系的结构，理清各个概念和模块之间的逻辑关系，为学生提供更为清晰和连贯的学习路径。在学习内容分析中，教师需要考虑学习内容的范围和深度。这有助于确定教学的重心和难点，使得教学更有针对性。深度的分析还能帮助教师判断学习内容的复杂性和难易程度，有助于制定合适的教学策略，确保学生能够深入理解和掌握知识。另外，学习内容分析还有助于理解学习内容之间的内在联系和逻辑关系。这对于教师在知识传递和学科整体理解方面都具有指导作用。通过揭示知识点之间的关联，教师能够更好地设计连贯的教学活动，使学生更容易理解和运用所学知识。总体而言,学习内容分析为教师提供了关键的思考和规划工具。通过逆向思维,教师能够更全面地理解学科知识结构,提高教学的针对性和效果,确保学生在学习过程中能够达到预期的学习目标。

三、教学策略

教学策略的设计对于教学效果的优化至关重要。教学策略涉及教学的方方面面,包括教材处理、心智技能培养、教学方法运用及教学组织形式选择等。首先,教材处理策略是确保学生对教材理解和接受的关键。通过采用生动有趣的方式呈现教材,能够提高学生对知识的吸收和理解效率。教师可以运用案例分析、实例讲解等方式,使教材更具实际应用性,增加学生的学习兴趣。其次,心智技能提高的教学策略涉及如何帮助学生更好地把握概念和它们之间的关系。教师可以采用启发性的问题、思维导图等方法,引导学生主动思考和理解知识,培养他们的批判性思维和问题解决能力。教学方法运用的策略则关乎如何激发学生学习兴趣、引起学习的准备和维持他们的参与度。采用多样化的教学方法,如互动式教学、小组合作学习等,能够使学生更积极地参与到教学过程中,提高他们的学习动机和效果。最后,教学组织形式选择的策略涉及根据实际情况选择合适的教学形式。这包括集体授课、个别化学习、小组相互作用等形式的选择,以适应不同的学习场景和学生需求。总体而言,教学策略的设计需要考虑到多个因素,包括教学内容的性质、学生的特点及教学环境的条件。通过科学而巧妙的策略设计,教师能够更好地引导学生,提高教学效果。

四、教学目标

教学目标的确是教学设计的首要环节,它直接影响到整个教学活动的规划和实施。在心理健康教育课程中,明确而具体的教学目标对于引导学生的学习、评价教学效果至关重要。首先,认知学习目标涉及学生对于心理健康知识的理解和掌握。明确定义的认知目标有助于教师设计有针对性的教学内容,帮助学生建立对心理健康领域的基本概念和认知结构。其次,动作技能学习目标涉及学生在心理健康方面的实际操作能力。这可能包括解决问题的技能、应对压力的方法等。通过设定明确的动作技能目标,教师能够设计相关的教学活动,帮助学生在实践中培养相应的技能。情感学习目标则涉及学生在心理健康教育中的情感态度和价值观的培养。这可能是培养学生对自身心理健康的重视,以及对他人心理健康的关心。虽然情感目标较难测量,但通过设定具体的情感学习目标，教师可以通过观察学生的态度、反馈等方面来进行评价。总体而言，明确、可观察和可测量的教学目标是教学设计的基石。它们为教学活动提供了方向，为教师提供了评价学生学习成果的标准，有助于确保教学活动更加有针对性和有效性。

五、教学媒体

教学媒体的选择确实是一项需要谨慎考虑的任务。它直接关系到教学信息的传递效果和学生的学习体验。确保所选用的教学媒体能够有效地传递所需的信息，达到设定的教学目标。不同的目标可能需要不同类型的媒体支持，如图像、视频、音频等。不同性质的教学内容对媒体的要求也不同。一些抽象的概念可能需要通过图表或模型来更形象地呈现，而一些实践技能可能需要通过视频或演示来展示。考虑学生的年级、认知水平和学科特点。比如，对于年幼的学生，更生动直观的媒体形式可能更合适；而对于高年级学生，可能更注重深度和抽象的媒体呈现。了解不同教学媒体的功能和特点，选择适合特定场景和目的的媒体。例如，投影仪适用于考虑教学场所的设备和条件，确保所选用的媒体在实际教学环境中能够顺利使用，并提高教学效果。在整个教学过程中，灵活运用不同的教学媒体，结合多样化的教学方法，有助于激发学生的学习兴趣，提高信息的传递效果，使教学更生动、有趣、有效。

六、教学评价

教学评价在整个教学过程中扮演着至关重要的角色。通过对学生学习行为的系统收集和分析，教师能够更全面地了解教学效果，为进一步的教学调整提供依据。在心理健康教育课程的教学设计中，教学评价应当特别关注以下方面：与目标因素相关的指标包括知识、技能和情感三个方面。评价学生对心理健康知识的理解程度，技能的掌握水平，以及情感态度的培养情况。这有助于确定学生在各个层面的学习成果，从而更好地调整教学策略。与学生因素相关的指标包括学生表情、课堂提问和课堂秩序等。这些指标反映了学生的参与程度和学习态度。通过观察学生的表情和回答问题的情况，教师可以更及时地发现学生的学习困难或兴趣点，从而有针对性地进行引导。在检查学情分析时进行，旨在为教学分析和制定活动提供依据。通过诊断性评价，教师可以更好地了解学生的起点，明确学生的学习需求，从而更有针对性地设计和调整教学活动。过程性评价贯穿整个学习期间，通过教师的适当反馈，鼓励学生进一步参与课堂活动。过程性评价有助于及时纠正学生的学习方向，调整教学方法，提高学生的学习动机和效果。在教学未结束之前进行，为了解学生学习状况，及时发现问题，调整教学有关环节，采取补救措施。总结性评价是对整个教学过程的回顾和总结，为未来的教学提供经验和启示。通过综合利用这些评价指标，教师可以更全面地了解学生的学习状态，及时调整教学策略，提高教学效果，使教学更加精准、有针对性。

第三节　心理健康教育新课程的设计原则

一、以学生为中心

学校心理健康教育课程应以学生为中心，将学生视为心理发展的主动构建者。心理健康教育课程旨在满足学生的需求、激发兴趣和动机，而非仅仅依据外在设定的目标来组织和实施。学生作为活动的中心，应在活动中实现主体性发展和心理成长。因此，自主性是心理健康教育课程的核心，它要求学生能够自主获取心理发展的机会。

为了充分尊重学生的主体地位，必须发挥学生的积极作用。首先，心理健康教育的目标在于促进学生的成长和发展，而成长和发展是一种自觉和主动的过程。如果学生没有主动的意识和精神，而处于被动的地位，教育将失去意义。其次，心理健康教育是一种助人与自助的活动，"助人"是手段，让学生"自助"才是目的。为实现自助的目标，必须让学生以主体的身份直接参与这一活动。

二、以情境为中介

学习常常发生在特定的情境中，而不同的活动情境对个体的心理成长有着不同的影响。真实而有趣的情境氛围为学生提供了易于感受、易于体验、易于激发的心理空间，使每个个体都受到情境的感染和熏陶，激发了他们的求知欲望。学生的心理发展不能简单地通过直接传授心理知识来实现，而必须在良好的发展情境中进行。情境设计的关键在于强调个体的积极能动性，使他们能够自主地参与活动，实现心理的自主构建。心理健康教育课程应当提供真实的情境，使学生置身于一个"可思可感"的境地，引导他们直接关注自身的心理世界，从而构建心理结构和形成价值理念。此外，心理健康教育课程强调心理知识的情景性和特异性，鼓励学生将学到的心理知识应用到自己的生活中，通过在具体情境中总结和检验所学知识，使学习更加贴近"思维中的具体"。

三、以经验为起点

学习是学生通过新经验与原有经验反复、双向的交互作用，从而主动建构自己知识经验的过程。冯·格拉塞斯费尔德指出："我们应该把知识和能力看作个人建构自己经验的产物，教师的作用将不再是讲授事实，而是帮助和指导学生在特定的领域建构自己的经验。"学生只有通过亲身经历，才能真正聆听到发自内心本质的、自我完善的声音。只有在经验中，学生才能全身心地投入对生命意义的追求，实现知、情、意、行的和谐发展。因此，学校心理健康教育课程的设计应充分考虑学生的原有经验，将学生原有的知识经验作为新知识的起点。学校心理健康教育的重要任务之一是了解学生原有的心理经验。教育者不应长篇大论地进行说教，而应通过提供丰富多彩的活动，发现学生的各种心理问题，并适时提供帮助。

四、以活动为核心

学习确实是一个将知识内化为经验、经验外化为知识的过程。如果没有主体的积极参与，知识的建构就无法进行。心理学的研究和实践也显示，人的心理品质是在活动中展示和发展的。活动是主体与客观事物相互作用的过程，同时也是个体内部心理表现的过程，还是外部客观信息内化的过程。学生心理品质的发展是主体在活动中自主定向、自主选择、自我完善、自我建构的结果，这得以借助一定的教育引导。因此，通过活动来实施心理健康教育是最为真实、最为自然的方式。学校心理健康教育课程需要教师设计具有自主性的活动，使学生能够在这些自主活动中实现自我教育。这种方法可以更好地激发学生的主动性和参与度，促使他们在实践中构建并发展心理品质。

五、以过程为重心

学校心理健康教育课程具有鲜明的过程性特点。这意味着课程设计应当遵循生态化的过程视角，即以一种互动的、成长的、延展的生命观来构建课程内容，使课程具有关怀生命的整体意识，同时激发学生的生存意志和生命智慧。个体的心理品质发展在生命活动和生活事件的平台上展开，存在于个体生命活动的过程中，融入个体生活的具体场景。因此，心理健康教育课程的建构不能只依据理论逻辑，更应考虑生活逻辑，让学生在个人经验的积累过程中经历成长，并基于自己的生活经验构建心理品质。在这个过程中，个体的主体自我（当前的我）与客体自我（过去的经验）相互作用，个体进行自我觉察、反思过去的经验，并对其进行调整和提升。

六、以合作为主线

在心理健康教育课程中，师生之间是一种民主平等的协作关系，教师在这个关系中是"平等者中的首席"。教师与学生之间的"对话"是基于相互尊重、沟通、理解的基础上展开的，其中包含了相互的信息传递、思想启发、观点变迁、情感激发和智慧提升等内容。教师需要尊重、理解、信任学生，以平等、宽容、发展的眼光看待学生，注重每个个体发展的独特性；同时，也要给予学生充分表达的自由，让学生倾听"异己"的声音，实现"从外在于学生的情境转变为与学生情境共存"。学生也不应被动地接受教师传授的知识和现成的理论，而是与教师一同探讨在成长过程中遇到的各种心理困惑。这种合作关系是促进学生自主学习和发展的重要途径。

第七章

大学生心理健康教育新课程的表现

第一节　大学生自我意识与自我完善

一、自我意识的概述

（一）自我意识概念

自我意识就是对自己的认知，包括了自我认知、自我评价和自我控制。这意味着理解自己存在的方式，包括对身体、心理和社会方面的了解。这种认知是通过观察、分析外部活动、情境和社会比较等途径获得的，形成一个多维度、多层次的心理系统。

在西方心理学中，自我概念是一个广泛的术语，也称为自我意识、自我观念、自我知觉、自我认同等。它通常指的是在社会化过程中逐步形成和发展起来的，关于自我及其与周围环境关系的多方面、多层次的认知与评价。自我概念由一系列态度、信念和价值标准组成，是有组织的认知结构，将个人的各种特殊习惯、能力、观念、情感和思想有机地组织起来，贯穿于经验与行为的各个方面。

詹姆斯和库利对自我进行的探讨确实深入且有趣。詹姆斯将自我看作包含身体、品质、能力、愿望等各个方面的内容，而且在物质、精神和社会三个层次都发挥作用。这种多层次的理解使人能更全面地了解自我。而库利的比喻将自我描绘成一面镜子，反映了自我是通过他人的评价和社会的影响而形成的观点。詹姆斯提出的主体"我"和客体"我"的区分也非常有意思。主体"我"似乎代表了个体的自然特性，而客体"我"则反映了社会对个体的期望和要求。这种对话和互动，正是自我意识发展的动力。米德的观点则进一步强调了社会对自我形成的影响，客体"我"是他人和社会对个体的期望，而主体"我"则是对这些期望的回应和表现。

（二）自我意识的内容

自我意识作为意识的核心，是对个体自身各个方面的认知。可根据不同的视角进行分类，结构上可分为自我认知、自我体验和自我控制；从活动内容出发可划分为生理自我、心理自我和社会自我；而根据自我意识的不同表现形式则可分为现实自我、理想自我和他人自我。这些分类方式为深入理解自我意识提供了多维度的视角。

1. 知、情、意的自我意识

按自我意识的结构要素，可从知、情、意的角度把自我意识分为自我认知、自我体验、自我控制。

（1）自我认知

自我认知是对个体对自身的主观评价，包括自我感知、自我观察、自我观念、自我分析和自我评价等。这涉及解答"我是什么样的人"这一问题。实现客观、准确的自我评估是一个复杂而终身的过程，个体的自我发展贯穿一生，对自我认知的深入理解将一直是人类探索的不断主题。"了解自己"也将贯穿整个生命历程，成为一个终身学习的命题。

（2）自我体验

自我体验是主观自我对客观自我产生的情感体验，是建立在自我认知基础之上的。自我认知塑造了自我体验，而自我体验又进一步强化了自我认知，主要关注于"是否能够欣赏自己""对自我是否感到满意"等方面。自我体验的内涵非常丰富，包括但不限于自尊、自爱、自信、义务感、责任感、优越感、荣誉感、羞耻感等。

（3）自我控制

自我控制是对个体行为、思维和言语的调控，旨在实现自我设定的目标。自我控制涵盖自我激励、自我暗示、自我强化等，其核心问题是"我将如何规划自己的人生"。自我控制可被视为自我发展的巅峰阶段，核心问题是"我应该成为什么样的人？""我如何有效地管理自己？""自制力"常被提及，即是自我控制的体现。大学生具有一定的主观能动性，可通过选择认知角度、调整自我认知评价体系，感知积极自我，从而实现对自己的有效掌控。

自我控制在自我意识中扮演着关键角色，"知行合一"并非易事。大学生往往感到"心动而不行动"，虽然心动容易，但真正培养意志力需要更多的自我控制。成功人士通常具备较高的自我控制能力。然而，并非所有的自我控制都是积极的。过高的自我期望和控制，如果由于主观或客观原因未能达到，可能导致对自己产生怀疑和否定，引发自我意识的偏差。

2. 心理、社会的自我意识

从自我意识的活动内容来看，自我意识又可分为生理自我、心理自我与社会自我。

（1）生理自我

生理自我是个体对自身身体和生理状态（如外貌、身高、体重等）的感知和认知，它是通过与他人的交往和学习逐渐形成的。生理自我使个体能够区分自我和他人，意识到自己的存在依赖于自身的身体。生理自我是天生具备的，是不可改变的，只能接受它。随着自我意识的发展，个体逐渐对生理自我有了更清晰、更正确的认识。在大学生阶段，对生理自我的关注达到了一个高峰。女生可能关注自己的外貌、吸引力，以及体形、身高、体重等方面；而男生可能关注自己的体形、身高，以及声音的吸引力等方面。这一时期，对自身外在形象的认知和评价可能对个体的自尊心和自信心产生影响。因此，大学生在塑造积极的生理自我认知上扮演着重要的角色。

（2）心理自我

心理自我是我们对内在世界的窥视，是那个深藏在心底的主宰者，记录着我们的点滴、经历和情感。感知是其一，我们通过五官接收外界信息，构建对自己的认知。记忆则是时光的镜子，反射出曾经的喜怒哀乐，是我们走过的足迹。思维和智力是心灵的两位舵手，引导我们在思考的海洋中翱翔，探寻未知。能力则是心理自我展翅飞翔的力量，是我们克服困难、实现目标的关键。性格和气质勾勒出我们独特的个性图谱，是我们在人生舞台上的独特表演。爱好和兴趣则是心灵的指南针，指引我们寻找快乐和满足感的方向。这一切交织在一起，构成了一个丰富多彩、复杂而又独特的心理自我世界。

（3）社会自我

社会自我是我们在社会舞台上的角色扮演，是与外界互动中塑造出的一面镜像。在这个镜像中，个体意识到自己在社会体系中的位置，明晰自己在各种社会关系中的地位、权利与义务。角色，就像社会戏剧的主角，定义了我们在这个大舞台上的表演方式。地位则是我们在社交舞蹈中的站位，它不仅影响着我们与他人的互动，也塑造着我们的社会身份认同。权利和义务则是社会契约的两端，平衡着个体与社会之间的权力关系，彰显了社会成员间的相互依存。责任是社会自我肩负的担子，是我们对社会发展和他人福祉的责任感。力量则是社会自我行进的动力，是我们在社会舞台上施展才华的力量源泉。这一切构成了社会自我认知的框架，让我们在社会大舞台上有序而自信地表演自己的独特篇章。

3. 理想自我、现实自我、他人自我

理想自我是我们内心深处的幻想，是对未来自己的一种理想化构想。在这个理想自我的画布上，勾勒出希望拥有的特质和品质，探寻自己对于"应该成为怎样的人"这一问题的答案。它是内心的导航，指引着我们迈向成为理想中的自己的道路。

现实自我是镜子里的真实反映，是对自己当前状态的客观认知。它是当下的所见、所感、所思，包含了实际的特征和品质。与理想自我相比，现实自我是自我认知的一种现实检视，有时会引发对自己的接受或者改变的思考。

他人自我则是外界的反馈，是他人对我们的看法和评价。在人际互动中，我们的言行举止、与他人的交往都在悄悄地塑造着这个他人自我。这种视角是多维的，涵盖了我们在社交中展现出来的各种面貌，有时候可能会与我们自己对自己的看法产生分歧。

这三者相互交织，形成了一个复杂而丰富的自我认知网络。理想自我是梦想，现实自我是现实，他人自我是他人眼中的我们。在这三者的交融中，我们不断地塑造着自己的身份认同和人生轨迹。

二、塑造健全的自我意识

塑造良好的自我意识对于大学生的心理健康和全面发展至关重要。大学生的自我意识不仅影响其个性的塑造，更在很大程度上决定了其未来发展的方向。那么，应该如何培养大学生健康、积极、正确的自我意识呢？

（一）树立正确的自我观念

1. 建立多元自我概念

有的大学生在对自我认知和评价中容易陷入极端思维，一旦在某方面取得成功，便过分自满，而一旦遇到挫折，就可能全盘否定自身价值。为了确立正确的自我观念，首要任务是建立多元的自我评价体系。在大学生活中，应该从学业、人际交往、个人成长等多个维度对自己进行合理的评估，不将自我局限于狭窄领域，而是要全方位地理解自己。在某一方面的失败并不意味着在其他方面同样会失败，而某个阶段的挫折也并非人生全局性的失败。

2. 建立合理的比较体系

比较是大学生认知、了解和发展自我的重要途径。建立合理的比较体系，通常采用以下两种方法。

（1）与他人客观比较，正确认识自己。大学生每时每刻都在人际交往中，尤其是与教师、同学、朋友的交往密切。因此，大学生应主动寻找比较对象，通过与他人比较，发现自身的长处和不足，从中学习，实现自我发展。

（2）通过他人评价，正确认识自己。大学生自我认知容易受到偏差影响，因为他们可能陷入"不识庐山真面目，只缘身在此山中"的状态。因此，大学生应注重倾听父母、长辈、教师和同学的评价，接受其中合理的部分，避免自我评价的扭曲。

在比较过程中，大学生应该多角度思考，避免仅将自己的不足与他人的优势相比。单一的比较方式可能影响自信心的建立。为了更准确地定位自己，可以进行纵向比较——将现实自我与过去自我、理想自我进行比较；也可以进行横向比较，既与比自己优秀的人比较，也与比自己稍差的人比较。这样全面而合理的比较有助于促进大学生的自我发展。

3. 经常反省自我

孔子曾说："吾日三省吾身。"这强调了自我反省对于个人成长的至关重要性。在反省的过程中，需要深入分析自己成功和失败的原因，以求真实了解自我。通过严格的自我批评和深入解剖，能够提升自我认知，调整自我评价，更准确地定位自己。内省调适法是一种方法，它运用自我观察、自我分析、自我报告的方式进行自我评价，是纠正自我评价偏差的基石。自我观察是指大学生在日常的人际互动和活动中，对自己的言行举止等过程进行仔细观察。在自我观察的基础上，通过深入的自我分析，形成对自己的全面报告。这种自我报告不仅包括活动前的内心体验和过程，更关键的是对结果的深入分析和评价。通过内省调适法，可以使自我更加自由、客观，更具对立性和稳定性，避免自我评价过低或过高。这种方法有助于促使个体更加全面地理解自己，为自我发展提供有效的指导。

4. 从活动分析中认识自我

大学生可以通过参与各类活动时的动机、态度、表现及取得的成果来深入分析认识自己。通过审视活动的动机，态度，以及最终的表现和成果，个体能够更清晰地认知自己。理想的活动结果和积极的活动效果有助于个体提升对自我的认知能力，发现自身的价值，进而激发自信心，挖掘潜在的潜能。以一个实例为例，一个原本内向害羞的大学生在同学的鼓励下参加了一场辩论比赛，并最终获得了奖项。通过对这次活动的分析，他可能会发现自己在辩论方面具备一定的能力，只要付出努力，就能够取得成功，获得他人的认可。这种发现对于他来说，不仅有助于克服害羞心理，还能增强自信心，同时也发现了自己的潜在才能，起到了积极的作用。通过对活动的深度分析，大学生能够更全面地认知自我，为个人成长和发展提供有益的启示。

（二）积极地悦纳自我

形成积极悦纳自我的态度对大学生的心理健康和全面发展至关重要。具体而言，实现积极悦纳自我包括以下两个方面。一方面，大学生需要学会接纳自己的本来面貌，包括优点和不足。这需要建立一个积极的自我认知，了解自己的优势和劣势，并接受这些特质是构成自己的一部分。不要过分苛责自己的缺点，而是将其视为发展和改进的机会。积极悦纳自我还涉及对自己的肯定。另一方面，大学生应该认可自己的成就、努力和进步。这包括对自身取得的小成功的欣赏，以及在面对挑战时表现出的勇气和毅力。通过对自己的积极方面给予正面的评价，有助于培养健康的自我肯定感。通过这两个方面的培养，大学生可以建立起一个积极悦纳自我的心态，更好地应对生活的起伏，增强抗压能力，促进自我成长。自我悦纳不仅对心理健康有益，也为建立积极的人际关系和实现个人目标提供了坚实的基础。

1. 全面看待自己的优缺点

要悦纳自己的长处，同时也要接受自身的短板。正所谓"尺有所短，寸有所长"，每个人都有各自的优势和劣势。为了确立对自己的肯定态度，需要认识到个体的独特价值，善于从他人身上学习，同时克服自身的不足之处。通过充分发挥个人潜力，既弘扬优势，又有意识地改进缺陷，实现全面的个人发展。

2. 保持乐观、性情开朗

大学生面对各种生活和学习压力时，保持乐观、性情开朗是至关重要的。有的同学在面对挫折时，选择将其当作笑话分享给他人，保持轻松、充实的心境。实际上，生活中每个人都会遇到困难，关键在于能否换个角度，用乐观的心态来看待问题。只要能够以积极的态度面对，个体就能更快乐地度过生活。

（三）有效地控制自我

有效地控制自我是健全自我意识的根本途径，有效进行自我调控是为了保证自我的健康发展。

1. 培养顽强的意志力

在大学生活中，培养坚持不懈的性格和强大的自制能力至关重要。这有助于增强抵御挫折的能力，使个体能够自觉地认清目标，为实现这些目标而努力克服各种困难和干扰。许多大学生设定了远大的理想和目标，但在努力过程中，如果意志力不足，难以应对挫折和打击，可能导致无法实现自身理想。

2. 确立符合实际的目标

为了使自我控制能够积极而有效，大学生应该确立符合自身实际的目标。理想自我应该合理定位，考虑到社会需求和规范。同时，目标制定应该根据个体的实际情况出发，既不过于雄心勃勃，也不过于简单。可以将远大的目标分解为具体、难度适中的子目标，以确保目标的达成性。此外，这些目标还应该符合个体的实际能力，不过分苛求，不被他人的期望左右。只有这样，个体才能真正认清自己，规划自身发展方向，最终建立起独立而自信的自我。

3. 积极参加社会实践

自我评价、自我锻炼和自我教育构成一个实践的过程。积极参与社会实践，将所学知识和智慧应用于为社会提供服务，有助于个体认清自己的责任和义务。通过这一过程，个体可以建立科学的人生观和价值观。在实践中，学会以乐观的情绪和积极的心态面对问题，客观公正地看待事物，逐渐增强自我意识中理性的成分，实现个体的和谐发展。

4. 构建完整人格

人格不仅仅是个体心理面貌的综合体现，更是心理行为的基础。它在很大程度上决定了个体对外部刺激的反应方式，直接影响身心健康、活动效果和社会适应情况，进而对生理、心理及包括社会文化素质在内的全面素质发展产生影响。形成健全的自我意识不仅需要正确认识自我，还需要一个健全的人格支持。通过培养完整的人格，个体能够更好地适应社会，提升自身综合素质的发展。

（四）培养自信心，提升自我效能感

无论此刻或未来，不论处于逆境还是顺境，也不管周遭如何变化，只有自己是永远的支持。要从一开始到最后都对自己充满信任、珍惜自身、给予帮助、激励自我，坚定地捍卫内心的自信。

自信并非与生俱来，而是通过自觉地保护和积极地增进而来。缺乏自信并非天生如此，通常是因为缺乏自我肯定、自我激励及过于被动地接受外界消极评价。自信的人首先要热爱自己，了解个体的长处，坚信并珍爱，以此为傲。相反，缺乏自信的人可能缺乏自我爱护，对自身的优点不够了解，反而过分关注缺点，甚至怀疑积极的一面。

自我效能感确实在人们的行为选择、坚持程度、思维模式和情感反应模式中扮演着重要的角色。高自我效能感的个体更倾向于对成功抱有较高期望，理性处理问题，积极迎接挑战，能够在需要时保持理智并发挥智慧和技能。相反，自我效能感较低的个体可能表现为退缩、害怕失败、情绪化处理问题，面对压力时束手无策，容易陷入恐慌情绪。对于大学生而言，成功与成长与其自我效能感紧密相连。提升自我效能感不仅对心理素质的提升有益，还对获得幸福感产生积极影响。这强调了个体对自身能力的信任和相应行为的积极影响，对于塑造积极向上的心态和实现个人目标至关重要。

（五）不断超越自我

超越自我的过程确实是一个不断塑造和完善自我的旅程。对大学生而言，这个过程更是一个永无止境的目标。在行动上，全力以赴，尽力发挥自身潜力，不仅对个体自身有益，也能使其在人际关系和事业上更为成功。然而，这并非一帆风顺的过程，而是需要艰苦努力和付出代价的挑战。这是一个新的自我逐渐形成的过程，是从个体的小我走向更大的自我，从过去的自我发展到今天和未来。珍惜已有的自我，同时追求更好、更高的自我，努力成为一个自如、独特、最好的自我。这种过程既注重保持个体的独特性，又不固守于自我设限，而是根据社会的需求不断调整和改进。同时，追求自我价值的实现，并不仅仅局限于个人层面，更是将个体的价值实现与为社会和祖国做出贡献相统一，通过为他人和社会服务，实现真正的自我价值。这种综合的发展，对于个体和社会都具有深远的影响。

第二节　大学生人格发展

一、大学生人格的定义

大学生人格是指大学生在心理、行为、价值观等方面所表现出的独特而相对稳定的个体差异，它是一个复杂的心理结构，包括认知、情感、意志等多个层面。大学生人格的形成受到遗传、环境、教育等多种因素的影响，是个体在成长过程中逐渐建立起来的一种独特的心理特征。

二、大学生人格的塑造

（一）自我认知和自我发现

大学生人格发展的基础层次是自我认知和自我发现。在大学阶段，学生开始面对更广泛的学科和知识领域，同时面临更多的社会交往和人际关系。通过对自己的认知和发现，大学生可以更清晰地了解自己的兴趣、价值观和优点，形成初步的人格框架。

1. 学科选择与兴趣探索

大学生在面对更广泛的学科选择时，有机会通过尝试不同的课程和领域来发现自己的兴趣。这个阶段是个体对各种学科进行初步认知的时候，他们可以借助不同的学科来探索自己的兴趣，并逐渐确定未来的专业方向。这个过程不仅有助于学业规划，还促使个体更全面地了解自己的学科喜好和潜在的职业方向。通过广泛的学科探索，大学生能够更清晰地认知自己的兴趣倾向，为未来的专业和职业发展打下基础。

2. 社交经历与人际关系

在大学这个丰富多彩的社交场所，学生通过结交各类朋友、参与社团和组织活动，拓展了他们的社交经历。这个过程中，他们能够更好地认知自己在群体中的角色、喜好及与他人的交往方式。通过与不同背景的人互动，大学生逐渐形成初步的社交认知，学会处理人际关系，培养沟通技巧，同时也建立了持久的友谊和合作关系。这种社交经历对于个体的成长和发展有着积极的影响，为未来的职业和社交生活奠定了基础。

3. 自我评价与优缺点认知

随着面临更多挑战和机会，大学生逐渐对自己的优点和不足有了更清晰的认知。这种自我评价不仅有助于建立个体的自信心，也激励他们更积极地发展和改善自己的人格特征。通过认知自身的优势和劣势，大学生能够更好地应对各种情境，更加自觉地去塑造积极的个性，为自己的成长和未来做出更明智的选择。这种自我评价与认知过程是培养大学生全面发展的重要一环。

4. 兴趣爱好和价值观的塑造

在大学生活中，通过参与各类活动和课程，他们可能发现新的兴趣爱好，同时逐渐形成自己的价值观。这一过程有助于建立更加独立和成熟的人格框架。通过培养兴趣爱好，大学生能够找到自己真正热爱的事物，为生活增添乐趣，同时通过对各种价值观的思考，他们可以更明确地认知自己对事物的看法和追求的核心价值，从而塑造出更为丰富和有深度的人格。这种兴趣爱好和价值观的塑造是大学时期个体全面发展的重要组成部分。自我认知和自我发现是大学生人格发展的基础，它为学生之后更高层次的人格特质和能力的形成提供了稳固的基础。这一层次的发展有助于学生更清晰地认知自我，为未来的职业和个人生活奠定坚实的基础。

（二）社交技能和人际关系

大学生人格发展涉及社交技能和人际关系的培养。在大学中，学生接触到来自不同文化和背景的同学，需要适应多元化的社交环境。发展积极的沟通技能、团队协作能力，建立健康的人际关系，对于人格的社会化和成熟起着重要作用。

1. 沟通技能的培养

学会有效沟通是大学生发展中至关重要的一项技能。这包括口头表达和书面沟通等多方面的技能。具备良好的沟通技能有助于建立良好的人际关系，提高在团队中的合作效率。通过清晰地表达思想、善于倾听他人意见，并能够有效地传递信息，学生可以更好地参与各种学术和社交活动。这不仅对于大学生的学术表现有积极影响，同时也为未来的职业生涯和社交交往奠定了坚实的基础。

2. 团队协作与合作精神

在大学的学习和生活中，学生通常会面临各种团队项目和合作任务，因此培养团队协作的能力变得尤为重要。这种能力不仅要求学生能够发挥个人的优势，还需要学会倾听他人的意见，共同协作解决问题。团队协作培养了学生的合作精神，使他们能够更好地适应社会和职业生涯中的团队工作环境。这也有助于拓宽学生的视野，学会与不同背景和专业领域的人合作，促使个体更好地成长和发展。

3. 冲突管理与解决

人际关系中的冲突和分歧是不可避免的，特别是在团队合作的环境中。因此，学生需要培养冲突管理和解决问题的能力，以建立和谐的人际关系，避免冲突对整体团队产生负面影响。学生可以通过学会有效的沟通、倾听他人观点、采用协商和妥协的方式来解决冲突。这种能力不仅在大学生活中有帮助，也是他们将来职业和社交场合中必备的重要技能。通过学习冲突管理，学生能够更成熟地处理复杂的人际关系，并为团队的成功作出贡献。

4. 情商和情绪管理

情商，即情感智商，在人际关系中扮演着重要的角色。它涵盖了对自己和他人情绪的认知与管理能力。学生需要学习情绪管理技巧，这包括了解自己的情感反应、学会有效表达情感、理解他人的情感，并在适当的时候采取积极的情绪调节策略。通过培养情商，学生能够更好地应对人际关系中的情感问题，提高与他人的沟通效果，建立更加健康和稳定的人际关系。情商的提升也有助于学生在职业生涯中更好地处理工作中的压力和挑战。

5. 多元文化意识

培养多元文化意识是大学生在全球化时代中必备的能力之一。这意味着学生需要对不同文化的差异和多样性保持敏感，并能够在跨文化环境中建立良好的人际关系。这包括了理解和尊重不同文化的价值观、沟通方式、工作习惯等方面的差异。通过培养多元文化意识，学生不仅能够更好地融入国际化的职场，还能够更广泛地参与全球性的合作与交流。这是一个对个体发展和社会融合都至关重要的人际关系技能。通过培养这些社交技能和人际关系能力，大学生不仅能在学术上取得成功，还能在未来的职业生涯中更好地与他人合作、建立积极的工作关系。

（三）价值观和人生观的塑造

大学生人格发展涉及价值观和人生观的塑造。大学是一个思想碰撞和价值观形成的关键时期，学生在这个阶段经历着对于自己人生目标和意义的深刻思考。通过学习、社会实践和人际交往，大学生逐渐形成独立的价值观和对人生的理解，为人格的持续成长提供了基础。

1. 学科知识对价值观的影响

学科知识对个体的价值观产生深远的影响，塑造着他们对社会、人类和自身的看法。学科知识培养了学生的思辨和批判性思维能力。在学习不同学科时，他们学会质疑、分析和评估不同观点，这有助于形成更加成熟和独立的价值观。学科知识使学生能够深入了解不同文化和社会的背景。这有助于拓宽他们的视野，提高对多元文化社会的理解，并对人类价值观的多样性有更深层次的认识。特定学科领域内的知识传授常常伴随着职业和专业道德的培养。学生通过学科知识的学习，了解到在特定领域内应遵循的伦理规范和价值观，这对于未来的职业生涯至关重要。某些学科强调社会责任和公共服务的重要性。学生通过这些学科的学习，更容易培养对社会的责任感，意识到自己在社会中的角色和影响。学科知识有助于学生更深刻地认识自己。通过学习心理学、哲学等学科，他们能够更好地理解自己的价值观、信仰和目标，推动个人发展的自我认知。一些学科涉及环境科学、可持续发展等议题，引导学生思考环境问题和可持续生活方式。这有助于培养学生对环境保护和可持续发展的价值观。综合而言，学科知识不仅仅是知识的积累，更是对于个体思想和价值观形成的关键因素。学生在大学学科知识的吸收中，不仅获得专业技能，更深刻地认识到自己在社会中的责任和使命。

2. 社会实践对人生观的启示

参与社会实践和义工活动为大学生提供了一种直观而深刻的了解社会的途径。通过亲身参与，学生能够直接感受到社会中的不同群体、问题和挑战。这种实践经历不仅仅是理论上的知识，更是对人生观有着深远影响的生动经历。在社会实践中，大学生可能会面对一些社会现象和问题，观察到人们的生活状况，感受到社会的不公和不平等。这些观察和体验有助于激发对社会责任的认识，引导大学生思考个体在社会中的角色和影响。通过为社会做贡献的过程，学生逐渐形成对社会价值和个人价值的更为明确和深刻的认识。因此，社会实践不仅是一种对社会的回馈，同时也是一个对个体人生观深刻启示的机会。通过这样的经历，大学生能够更全面、更深刻地理解人生的意义和社会的复杂性，从而为他们的人格发展和人生目标的设定提供重要支持。

3. 人际交往对观念碰撞的推动

人际交往是大学生在校园中广泛涉及的社交活动，而这种交往不仅仅是为了建立友谊，还是一个观念碰撞的重要场所。在大学里，学生来自不同地区、文化和背景，这种多元性为观念的碰撞提供了丰富的素材。在人际交往中，学生往往会遇到和自己不同观念的同学。这可以表现为在学术问题上的不同看法、生活方式的差异、文化认知的不同等。这些观念的碰撞有助于激发学生对自己观念的思考，推动他们重新审视自己的价值观和信仰。通过与来自不同文化和背景的同学进行交流，学生可能会遇到对于社会问题、伦理道德等方面的不同看法。这种观念碰撞有助于开阔学生的视野，提高他们的文化包容性和理解力。因此，人际交往是一个推动大学生观念碰撞的重要途径。通过与多元文化的同学建立联系，大学生能够更深入地理解和尊重不同的观念，从而形成更为开放和包容的人生观。

4. 专业导向对事业观的形成

大学生在选择专业和职业方向时，通常会受到专业导向的影响。专业导向是指在特定领域的学科和职业要求下，个体对自己的兴趣、能力和目标进行合理匹配的过程。专业导向对大学生事业观的形成有着深远的影响。通过学习专业知识、实践和实习经验，学生逐渐认识到所选择专业领域的重要性、挑战性及对个人发展的影响。这种专业导向的认知过程促使大学生对自己未来事业的方向有更为清晰的认识。例如，一个学习计算机科学的学生可能在专业课程和实践中接触到各种技术和编程语言，逐渐了解到这一领域的发展前景和应用场景。这种专业导向帮助学生形成对计算机科学事业的期待和认知，对个体的事业观产生积极的塑造作用。总的来说，专业导向是大学生事业观形成过程中的一个重要因素。通过深入学习和实践，学生能够更加清晰地认识自己所学专业领域的特点和要求，从而对未来事业有更为明确和积极的期待。

5. 道德伦理课程对道德观的引导

道德伦理课程在大学教育中扮演着重要的角色，它们旨在引导学生建立正确的道德观念，并培养其在职业和社会生活中的良好操守。这些课程通过讨论伦理理论、伦理决策和实际案例，使学生更深入地思考道德问题，理解道德规范的重要性。通过这样的学习过程，大学生能够逐渐形成对道德的敏感性和对伦理原则的认同。通过这些层面的影响，大学生在大学阶段逐渐形成独立而成熟的价值观和人生观，为未来的职业和生活奠定了基础。

（四）责任心和自我管理能力

责任心和自我管理能力在大学生人格发展中扮演着关键的角色，这两方面的能力培养有助于学生更好地适应大学生活、发展个人潜能，以及建立积极的人生态度。大学生在面对学业、社交和团队活动时，需要培养责任心。这包括对个人学业的认真负责，对社交关系的尊重和关爱，以及在团队协作中承担起自己的责任。通过参与各种活动和任务，学生能够逐渐领悟责任的重要性，形成对自己和他人负责的态度。大学生在自主选择课程、规划学业和安排生活时，需要具备良好的自我管理能力。这包括时间管理、任务规划、目标设定等方面的技能。通过面对多样化的学科和活动，学生能够学会有效地组织自己的时间，高效地完成任务，提高自我管理的水平。责任心是成熟人格的表现，能够让学生在各种情境中保持冷静和理性，对待问题更加成熟。对责任心和自我管理的培养能够使学生在人际关系中表现更加成熟和可信赖，与他人的合作更加高效。具备自我管理能力的学生更容易适应大学生活的多样性和挑战，更好地处理压力和应对变化。学会对自己的学业和生活负责，使学生更有目标感、动力感，形成积极向上的人生态度。在大学中培养责任心和自我管理能力是大学生人格发展的关键一步，为他们未来的职业和生活奠定坚实的基础。

第三节　大学生的学习心理

一、大学生学习心理的含义

大学生学习心理是指大学生在学习过程中涉及的各种心理活动和心理状态。这包括了学习动机、学科观念、学习策略、情感体验、对待挫折的态度等方面的心理元素。学习心理的健康与否直接关系到大学生的学业成绩、学科能力的培养，以及个体全面发展的方向。

二、大学生学习心理的分类

学习心理是指在学习过程中，个体在认知、情感、动机等方面所经历的心理过程。大学生的学习心理涵盖了学科学习、时间管理、应对压力等多个方面，对其个体学业成就和全面发展起着至关重要的作用。

（一）认知层面的学习心理

认知层面的学习心理在大学学科学习中扮演着关键的角色，涉及学习动机、学习策略的选择和运用，以及对学科知识的理解和应用。学习动机是推动学生进行学科学习的内在驱动力。有强烈的学习动机能够促使学生更专注、更有毅力地应对学科学习中的挑战。提高学生对学科的兴趣和动机，有助于提高学习效果。学习策略是学生在学科学习中采用的方法和技巧。不同学科可能需要不同的学习策略，而学生的学科能力往往与他们选择和运用的学习策略密切相关。有效的学习策略能够提高信息的吸收和记忆效果。认知层面的学习心理还包括对学科知识的深刻理解和灵活应用。学生不仅需要记住信息，更需要理解概念、建立联系，并能够在解决问题和实际应用中灵活运用所学知识。学生在认知层面的学习心理中需要培养自我监控和反思的能力。这包括对自己学习过程的实时监测，了解哪些策略有效，哪些需要调整。通过反思，学生能够更好地了解自己的学习需求和方式。在学科学习中，情感因素也与认知紧密相连。积极的情感体验，如兴趣、好奇心，有助于激发学习动机和促进认知过程。同时，学生需要学会应对负面情感，如挫折感和焦虑，以维持良好的学习状态。总的来说，认知层面的学习心理直接关系到学业成绩和学科能力的提升。培养积极的学习动机、选择有效的学习策略、深刻理解学科知识及进行自我监控和反思，都是大学生在认知层面上发展的重要方面。

（二）情感层面的学习心理

情感层面的学习心理在大学生的学习过程中扮演着至关重要的角色。学生的情感体验直接影响到他们对学科学习的态度和表现。积极的情感体验，如兴奋、喜悦，有助于提高学生的学习动机和投入度。相反，负面情感，如挫折感和焦虑，可能会影响学生的学习效果。学科学习中难免会遇到挫折，而学生如何应对挫折直接关系到他们的情感层面学习心理。培养学生积极面对挑战、从失败中学习的态度，有助于提高他们的情感韧性和学业适应能力。保持学科热情和信心是情感层面学习心理的重要组成部分。对学科的兴趣和自信心有助于提高学生的学习投入和对学科的深层次理解。学业压力可能引发学生的焦虑情绪。情感层面的学习心理也包括培养学生有效的情感管理能力，使他们能够更好地处理学业压力和焦虑，保持情绪平衡。学生的同伴关系和社交环境也直接关系到他们的情感层面学习心理。积极的同伴关系和情感支持有助于降低学生的孤独感，增强对学习的积极情感体验。情感智力包括对自己和他人情感的认知、理解和管理能力。培养学生的情感智力，有助于提高他们在学科学习中的自我认知和人际关系处理能力。总的来说，情感层面的学习心理是学生综合发展中不可或缺的一部分。积极的情感体验和有效的情感管理能力有助于提高学生的学习体验，增强学科学习的乐趣和意义。

（三）动机层面的学习心理

动机层面的学习心理在大学生的学习过程中发挥着至关重要的作用。内在动机是指学生因为对学科的兴趣、个人价值观或自我实现而参与学习的动机。内在动机通常与长期的学习动机和持久的学科兴趣相关联。激发学生的内在动机有助于提高他们的学科学习效果。外在动机包括来自外部的奖励、评价和认可等因素。这可能包括对好成绩的渴望、获取奖学金的目标等。虽然外在动机能够促使学生在短期内取得一定的成绩，但长期来看，内在动机更为持久和稳定。学生的学习动机与他们的学业目标紧密相关。设定明确、可行的学业目标，有助于激发学生的学习动机。这可以包括短期目标，如完成一项作业，也可以是长期目标，如获得学位。自我效能感是学生对自己能力的信心程度。高度的自我效能感与积极的学习动机相关联，学生更容易对挑战保持积极的态度，并更愿意投入学科学习。同伴、家庭和教师等社会因素对学生的学习动机产生重要影响。积极的社会支持和鼓励有助于增强学生的学科兴趣和学习动机。给予学生更多的学习自主权，让他们参与决策和选择学习内容，有助于提高他们的学习动机。自主性学习能够满足学生的个体差异和学科兴趣。总的来说，理解和引导大学生的学习动机是提高学科学习效果的关键。平衡内在动机和外在动机，设定明确的学业目标，培养学生的自我效能感，以及关注社会支持和自主性学习，都是有效促进学生积极学习动机的策略。

（四）时间管理层面的学习心理

时间管理层面的学习心理在大学生的学业生涯中至关重要。制定明确的学习和任务目标，包括长期和短期目标。这有助于学生更好地规划他们的学习时间，使之更有针对性和效率。识别任务的紧急性和重要性，制定优先级。这有助于确保学生首先处理最关键的任务，以避免因时间不足而错过重要的学习机会。制订详细的学习计划，包括每天、每周和每月的任务安排。计划可以是灵活的，但应确保包含足够的时间用于各项任务。拖延是时间管理的敌人之一。学生需要培养战胜拖延的能力，采用方法如番茄工作法等，将学习任务分解为短时间段，有助于提高集中注意力的效果。大学生通常有许多零碎的时间，如课程间隙、等车时间等。学会有效利用这些碎片时间，进行短时学习任务，能够累积起较大的学习效果。在大学生活中，社交活动和其他诱惑可能占据大量时间。学生需要学会拒绝一些不必要的邀请，确保有足够的时间专注于学业。定期回顾时间管理计划，评估任务的完成情况，并根据需要进行调整。这有助于学生更好地适应自己的学习和生活节奏。如果学生发现时间管理存在困难，可以寻求学业指导或心理咨询服务的帮助。专业的辅导有助于学生建立有效的时间管理策略。总体而言，时间管理是大学生学习心理中至关重要的一环。通过合理安排时间，学生能够更好地平衡学业和生活，提高学习效率，减轻学习压力。

（五）应对压力层面的学习心理

应对压力层面的学习心理对于大学生的整体发展至关重要。大学生首先需要认识到压力的来源，包括学业压力、社交压力、未来职业压力等。明确了解压力的根源有助于有针对性地应对。与家人、朋友、同学建立积极的支持系统，分享自己的感受和困扰。得到理解和支持可以减轻情感负担，增加情感安全感。学会表达情感，不要将压力和情绪压抑在心里。这可以通过与他人交流、写日记、绘画等方式实现。良好的情感表达有助于释放负面情绪。设定合理的学业和生活目标，避免给自己过大的压力。分阶段设定目标，逐步实现，有助于提升成就感和减轻压力。学会一些放松技巧，如深呼吸、冥想、渐进性肌肉松弛等。这些技巧有助于缓解身体和心理上的紧张感，提升整体的放松度。良好的身体健康对于应对压力至关重要。保持规律的作息、适度的运动和均衡的饮食，有助于增强身体的应对能力。培养解决问题的能力，面对问题时不要过于消极，而是积极思考解决方案。学习寻找解决问题的途径，有助于更好地应对挑战。如果压力过于沉重，影响到正常生活和学习，及时寻求专业心理帮助是非常重要的。学校通常提供心理咨询服务，可以向专业心理医生咨询建议。通过合理的心理调适和积极的心理应对方式，大学生能够更好地面对各种挑战和压力，实现学业和生活的平衡发展。

三、大学生学习心理的方法

（一）认知心理方法

帮助学生建立积极的学科观念，认识到学科知识对个人发展的重要性。激发学生对学科的兴趣和热情，使其更愿意投入学习。引导学生培养主动学习的习惯，包括主动探究、提问、参与讨论等。通过主动参与学科活动，学生能够更深入地理解和应用知识。帮助学生设定明确的学习目标，并制订合理的学习计划。目标设定有助于提高学习的针对性和效率，使学生更有方向地进行学科学习。教授学生认知调控技巧，如总结归纳、概念映射、思维导图等。这些技巧有助于提高学生对学科知识的整体理解和把握。强调问题解决的重要性，鼓励学生在学科学习中主动解决问题。培养学生的批判性思维和创造性解决问题的能力。激励学生尝试不同的学习方式，包括阅读、听讲、实践、小组合作等。了解并选择适合自己的学习方式，有助于提高学科学习效果。教育学生学会反思学习过程，及时调整学习策略。通过反思，学生可以更好地了解自己的学习方式是否有效，从而进行必要的调整。鼓励学生进行跨学科学习，将不同学科的知识相互关联。这有助于提高学生对知识体系的整体认识和理解。通过认知心理方法的引导，学生能够更积极主动地面对学科学习，提高对知识的理解和应用水平，从而更好地适应大学学习环境。

（二）情感调适方法

学校可以提供心理辅导服务，为学生提供专业的心理支持。通过与心理专业人士的交流，学生可以更好地理解和应对自己的情感体验。引入情感管理课程，教授学生情感调适的基本技能。这包括情感识别、情感表达、情感调控等方面的培训，帮助学生更好地处理情感问题。帮助学生提高自我认知水平，让他们更清楚地了解自己的情感状态和触发因素。通过认知自己的情感，学生可以更好地应对和调适情感。鼓励学生采用积极的情感表达方式，如与朋友分享、写日记、艺术创作等。正面的情感表达有助于减轻情感压力，促进情感健康。培养学生应对挫折的能力，教导他们从失败和困难中学到经验，不轻易放弃。正面应对挫折有助于维持积极的情感状态。教授学生一些简单的放松技巧，如深呼吸、冥想、温水浸浴等。这些技巧有助于缓解身体和心理上的紧张感，提升情感调适水平。鼓励学生建立积极的支持网络，与朋友、家人保持沟通。有良好的社会支持有助于应对负面情感，增强情感韧性。引导学生培养积极向上的心态，注重感恩、乐观、自信等情感特质。这有助于维持健康的情感状态。通过情感调适方法的培训和引导，学生可以更好地理解和应对自己的情感体验，保持积极向上的情感状态，更好地适应大学学习和生活。

（三）动机激发方法

设计富有趣味性和挑战性的学习任务，以激发学生的学习兴趣。通过创新的学习方式和教学设计，提高学科的吸引力，让学生更愿意投入学习。考虑到学生的个体差异，制定个性化的学习目标。通过了解学生的兴趣、能力和目标，调整教学内容和任务，使学生更容易找到学习的动力。设计明确的成就奖励机制，让学生能够看到自己的进步和成就。这可以包括成绩奖励、表扬、证书等，激发学生的外在学习动机。设计一些具有一定难度和挑战性的学习任务，激发学生的内在学习动机。挑战性任务可以激发学生的学习兴趣和求知欲望。创建积极的学习社区，让学生感受到集体学习的氛围。通过小组合作、讨论和分享，培养学生对学科的集体认同感，增强学习的社交动机。帮助学生建立对自己能力的信心，通过鼓励和支持，提高学生的自我效能感。自我效能感的提升有助于激发学生的积极学习动机。给予学生一定的学习选择权，让他们参与决策过程。这有助于满足学生的自主性需求，提高学习的自主动机。尊重并关注学生的兴趣领域，将相关内容融入教学中。兴趣是内在的驱动力，能够激发学生更深层次的学习动机。通过以上方法，教育者可以更有效地激发学生的学习动机，使其更愿意主动参与学科学习，提高学业成绩和学科能力。

（四）时间管理技巧

学生应该明确每周、每月的学习目标，并将这些目标划分为具体的任务。明确的学习目标有助于规划学习时间。学生需要识别任务的紧急程度和重要性，制定相应的优先级。这有助于确保首先完成最重要和最紧急的任务。学生可以利用时间管理工具，如日历、待办事项应用程序等，帮助他们记录和跟踪任务。这有助于提醒学生完成任务的时间。将大型任务分解为小的可管理的子任务，更容易掌控学习进度。这样的分解有助于防止任务过于庞大，让学生更容易投入学习。为每项任务设定明确的时间限制，避免在某个任务上花费过多时间。时间限制有助于保持高效率的学习状态。学生需要养成及时开始工作的习惯，避免拖延。拖延会导致任务累积，增加学习压力。在制订学习计划时，不要忽视休息和放松的时间。合理的休息有助于提高学习效率，防止学习疲劳。学生需要具备灵活应对变化的能力。有时计划可能需要调整，学生应该能够适应新的情况。如果学生发现时间管理存在困难，可以寻求老师、同学或专业顾问的支持。他们可能提供有关时间管理的实用建议和技巧。定期对自己的时间管理效果进行评估。了解哪些方法有效，哪些需要调整，从而不断优化时间管理策略。通过提供时间管理培训和教导学生有效的时间规划和分配方法，学生将能够更好地组织学习时间，提高学习效率，更好地应对学业压力。

（五）压力管理策略

良好的压力管理对于保持心理健康至关重要。首先，放松技巧是缓解压力的重要组成部分。通过深呼吸、渐进性肌肉松弛或冥想，学生可以有效地降低紧张感，促进身心平衡。其次，问题解决方法是应对压力的关键。学会面对问题、制定可行的解决方案，不仅可以解决当下的困扰，还能提升解决问题的能力。这种积极的应对方式可以帮助学生更好地适应学业和生活中的各种挑战。此外，建议学生培养积极的生活习惯，包括良好的作息时间和饮食习惯。充足的睡眠和健康的饮食有助于维持身体的平衡，从而增强抵抗压力的能力。最后，与他人沟通也是缓解压力的有效途径。学生可以与朋友、家人或心理咨询师分享他们的感受，获得支持和建议。有时候，分享问题本身就是减轻压力的一种方式。综合而言，压力管理涉及多方面的技巧和方法，而学会放松、解决问题、保持良好的生活习惯及与他人沟通，都是帮助学生更好地应对各种挑战的关键。

第四节　大学生情感心理与情绪管理

一、大学生情感心理

（一）情感认知和表达

1. 情感认知

大学生阶段是情感认知逐渐成熟的时期。在这个阶段，学生开始更清晰地认识和理解自己的情感体验，包括喜、怒、哀、乐等。这一认知的提升有助于更好地理解自己和他人。首先，情感认知的成熟使得大学生能够更准确地识别自己的情感状态。他们学会区分不同的情感，了解这些情感可能与何种情境、体验相关联。这种自我认知的提升有助于他们更好地管理自己的情绪，增强情感调控的能力。其次，情感认知的发展使大学生更加敏感于他人的情感体验。他们能够更好地理解他人的感受，增强同理心。这对于建立良好的人际关系、促进团队协作具有重要意义，同时也有助于培养他们在社会中更为成熟的行为和沟通方式。此外，情感认知的提升还有助于大学生更深入地探讨和理解自己的人生目标、兴趣爱好，以及对事业、人际关系的期望。这有助于他们更明晰地规划未来的方向，做出更为符合个人价值观和情感需求的决策。总体而言，情感认知在大学生阶段的发展是一个重要的心理过程。这一过程不仅有助于个体更好地理解和管理自己的情感，也为他们建立更加丰富、深刻的人际关系和实现个人发展目标奠定了基础。

2. 情感表达

学生需要学会有效地表达情感，无论是通过口头沟通、书面表达还是其他方式。良好的情感表达能力有助于建立良好的人际关系和解决问题。首先，口头表达是一种常见而直接的情感表达方式。学生可以通过清晰、明确的语言表达自己的感受和想法。这有助于他们更好地与他人沟通，使得交流更加顺畅、有效。其次，书面表达是一种深入思考和组织思想的方式。通过写作，学生能够更仔细地表达复杂的情感，将自己的感受和观点传达给读者。这种表达方式不仅有助于个人情感的整理，还可以培养学生的文学素养和批判性思维。此外，艺术表达也是一种丰富多彩的情感表达方式。绘画、音乐、舞蹈等艺术形式都能够帮助学生用非语言的方式表达情感，释放内心的情感能量。有效的情感表达不仅有助于建立亲密的人际关系，还能够帮助学生更好地处理自己的情感问题。通过表达，他们能够更清晰地认识到自己的需求和期望，从而更有针对性地寻找解决方案。总体而言，培养学生的情感表达能力对于其全面发展和社交能力的提升至关重要。通过不同形式的表达，学生能够更全面、更丰富地表达自己的情感体验，与他人建立更加深入的连接。

（二）自我情感调适与情感管理

1. 自我调适

大学生在面对学业、人际关系等方面的挑战时，需要学会调适自己的情感状态。这包括通过积极的心态应对挑战，以及学会在压力下保持良好的情感状态。首先，培养积极的心态对于自我调适至关重要。积极的心态可以帮助大学生更好地应对学业压力和人际关系的挑战。学会看到问题的积极一面，将挑战视为成长的机会，有助于缓解负面情绪，提高应对困难的韧性。其次，学会有效的压力管理是自我调适的关键。大学生面临着来自学业、社交、未来规划等多方面的压力，因此需要学会寻找适合自己的缓解压力的方法，如锻炼、冥想、艺术创作等。通过这些方式，他们可以在面对挑战时更好地保持冷静和平衡。同时，建立积极的自我认知也是自我调适的重要方面。了解自己的情感状态、需求和应对方式，有助于大学生更好地应对各种情境。通过自我认知，他们可以更准确地理解自己在面对挑战时的反应，并有针对性地进行调整和改进。总体而言，自我调适是大学生全面发展中不可或缺的一部分。通过培养积极心态、有效压力管理和积极的自我认知，大学生能够更好地适应大学生活的各种挑战，保持良好的情感状态。

2. 情感管理

情感管理是更高层次的技能，包括对负面情绪的有效处理，学会在压力下保持冷静，以及通过积极的方式引导自己的情感状态。首先，对负面情绪的有效处理是情感管理的重要组成部分。大学生可能面临学业压力、人际冲突等导致负面情绪的情境，学会有效地处理这些情绪对心理健康至关重要。这可以包括通过沟通表达情感、寻找解决问题的途径、采用积极的应对策略等。其次，学会在压力下保持冷静是情感管理的关键。大学生面临各种挑战时，压力可能导致情绪波动，因此学会在压力下保持冷静有助于更好地处理问题。这可以通过深呼吸、冥想、理性思考等方式实现。同时，通过积极的方式引导自己的情感状态也是情感管理的目标。积极的活动和兴趣爱好有助于提升情感状态，促进积极情绪的产生。这可以包括参与体育运动、艺术创作、志愿服务等活动，从而调动积极情感的能量。情感管理还涉及建立健康的情感辨识和表达方式。大学生需要学会在适当的时候表达自己的情感，与他人建立良好的沟通渠道，避免负面情绪的内化和积累。总体而言，情感管理是大学生在面对复杂的生活压力和情感波动时需要培养的一项重要技能。通过有效地处理负面情绪、保持冷静，以及积极引导情感状态，大学生可以更好地适应大学生活，促进心理健康。

（三）情感智慧与同理心

1. 情感智慧

情感智慧是指对情感的深刻理解和运用，包括对自己和他人情感的敏感性和理解能力。这种智慧使得个体更能够在复杂的社交场景中表现得更为聪明和敏锐。首先，情感智慧涉及对自己情感的深刻认知。个体需要了解自己的情感体验，包括喜、怒、哀、乐，以及这些情感可能对自己的行为和决策产生的影响。这种自我认知有助于个体更好地管理自己的情绪，提高应对复杂情境的能力。其次，情感智慧也包括对他人情感的敏感性。个体需要能够感知他人的情感状态，理解他们的需求和期望。这有助于建立良好的人际关系，增强与他人的沟通和合作能力。此外，情感智慧还涉及在社交场景中运用情感信息作出明智的决策。个体需要能够在复杂的社交互动中灵活运用情感智慧，包括在冲突解决、谈判、领导力等方面展现高水平的情感智慧。总体而言，情感智慧是一种高级的心理智力，对于个体在社交和职业场景中的成功非常重要。通过培养情感智慧，个体能够更好地理解和管理情感，提高与他人的情感智能沟通能力，从而在人际关系和职业发展中取得更大的成功。

2. 同理心

同理心是理解和分享他人感受的能力。大学生需要培养同理心，使得他们能够更好地理解他人，建立良好的友谊和人际关系。首先，同理心涉及对他人感受的敏感性。大学生需要学会关注他人的情感状态，体察他们可能面临的困境和喜悦。这种敏感性有助于建立深层次的人际连接，让他们在社交中更为亲近和真实。其次，同理心包括对他人感受的理解。了解他人的处境和情感，有助于大学生更好地判断何时需要表达支持和关爱。这样的理解不仅促进了积极的社交互动，还有助于形成良好的人际氛围。此外，同理心还涉及分享他人的感受。大学生可以通过表达共鸣和关心，向他人传递理解和支持。分享感受有助于建立互信和友谊，增进彼此之间的情感联系。同理心的培养也对于团队协作和领导力的发展至关重要。在团队中，能够理解并关心他人的感受，有助于建立良好的合作氛围。对于担任领导角色的大学生而言，同理心也是塑造积极领导形象、赢得团队信任的关键要素。总体而言，培养同理心是大学生人际关系中的重要一环。通过关注、理解和分享他人的感受，大学生能够建立更为深刻和持久的友谊，为自己的社交和职业发展打下坚实的基础。

（四）情感稳定与抗压能力

1. 情感稳定

情感稳定在大学生活中扮演着重要的角色，尤其是面对各种压力和变化时。它是对抗外部挑战的关键，使得个体更容易适应新环境和面对困难。首先，情感稳定意味着个体能够更好地管理和调控自己的情绪。大学生面临学业、人际关系等多方面的压力，情感稳定使得他们能够更冷静地应对各种情境，不轻易被负面情绪所影响。其次，情感稳定有助于建立积极的心态。面对挑战和变化，一个情感稳定的个体更容易保持乐观和积极的态度。这种积极心态有助于提高应对压力的能力，增强对未来的信心。同时，情感稳定还有助于形成健康的人际关系。一个情感稳定的大学生更容易与同学、朋友建立稳固的友谊，处理人际冲突时更加冷静和理智。这有助于创造支持性的社交网络，提供情感上的支持。情感稳定还与心理健康密切相关。稳定的情感状态有助于减少焦虑和抑郁等心理健康问题的发生。通过保持情感的平衡，大学生能够更好地适应学业和生活的各种挑战。总体而言，情感稳定在大学生活中是一种重要的心理素养。通过培养情感稳定性，大学生能够更好地适应变化、保持积极心态，从而更好地应对大学生活中的各种挑战。

2. 抗压能力

抗压能力是情感心理的高级表现，包括在面临压力和逆境时能够保持坚韧和积极的态度，从而更好地克服困难。首先，抗压能力涉及对压力的认知和理解。具备抗压能力的个体能够理性看待压力的来源和影响，对于面临的困难能够有清晰的认识，不被负面情绪所淹没。其次，抗压能力包括积极应对压力的能力。这包括寻找解决问题的有效途径、灵活调整应对策略、保持积极的心态等。具备这种能力的个体能够在压力下更好地应对挑战，找到解决问题的办法。同时，抗压能力也意味着能够从困境中快速恢复。即使面临失败或挫折，具备抗压能力的个体能够迅速调整自己的情绪，从中学到经验，更好地适应未来的挑战。抗压能力还与自我调适和情感管理密切相关。通过良好的情感管理，个体能够更有效地缓解压力，保持情感稳定。同时，通过自我调适，他们能够更好地适应复杂的社会环境和生活变化。总体而言，抗压能力是大学生在面对学业和生活中各种挑战时需要培养的一项关键能力。通过理性认知压力、积极应对挑战，大学生能够更好地克服困难，保持心理健康。

（五）情感发展与自我认知

1. 情感发展

大学确实是情感发展的关键时期。在这个时期，学生经历着个人独立性的提升、社会关系的多样性，以及对未来的职业和生活方向的思考，这些都对情感产生深远的影响。首先，大学时期是个人独立性提升的阶段。学生通常开始独自生活，面对更多的自主决策和责任。这种独立性的增强对情感发展起到推动作用，学生需要学会独立思考、处理情感问题，逐渐形成自己的情感态度和价值观。其次，社会关系的多样性也对情感发展产生影响。大学生来自不同地区、文化背景，与各种各样的人建立联系。这种多样性促使学生学会理解和尊重不同的情感表达和观点，有助于培养更为宽容和包容的情感态度。同时，对未来职业和生活的思考也是大学情感发展的重要方面。学生在大学时期逐渐明确自己的兴趣和目标，形成对未来的期望。这种对未来的思考和规划会影响到他们对自己情感状态的理解，以及对生活的期待和应对方式的塑造。总体而言，大学时期的情感发展是一个全面、渐进的过程。在这个时期，学生经历着从青少年到成年人的转变，逐渐形成更为成熟、稳定的情感结构。这对于他们的个体成长和全面发展至关重要。

2. 自我认知

自我认知在情感心理的发展中扮演着至关重要的角色。通过深刻认识自己的情感状态，学生能够更好地理解自己的需求、期望和价值观，从而更有针对性地引导自己的情感发展和应对生活中的各种情境。自我认知涉及对自己情感体验的敏感性，使个体能够更清晰地识别和理解自己的情感状态。这种敏感性不仅有助于个体更好地管理自己的情绪，还能够帮助他们更深入地认识自己的内心世界。同时，自我认知还包括对自己情感反应的理解。个体通过自我反思和深入思考，能够更准确地分析自己在特定情境下的情感反应，了解这些反应背后的原因和意义。这种理解有助于个体更好地应对生活中的挑战，提高情感调节的灵活性。此外，自我认知还涉及对个体价值观、信仰和目标的深刻理解。了解自己的核心价值和追求的目标，使得个体能够更有目的地引导自己的情感发展，并更好地与外部环境和他人的期望相协调。总体而言，自我认知是情感心理发展的巅峰，对于个体的全面发展和健康心理非常重要。通过深刻认识自己的情感状态，学生能够更有意识地引导自己的情感发展，从而更好地适应大学生活和未来的挑战。

二、大学生情绪管理

（一）情绪认知与辨识

1. 情绪认知

情绪认知是情感智能的重要组成部分，尤其对大学生而言，了解自己的情绪对于更好地应对学业和生活的各种挑战至关重要。首先，学会认知各种情绪的特征是关键的一步。了解愉悦、愤怒、焦虑等不同情绪的体验和表现方式，帮助大学生更准确地识别自己当前的情感状态。这种情绪的辨识有助于个体更好地理解自己的内在体验，为有效的情感调节奠定基础。其次，了解这些情绪对自己的影响也是至关重要的。不同的情绪可能对认知、决策、社交等方面产生不同的影响。通过认知这些影响，大学生可以更有意识地选择适当的应对策略，以便更好地适应各种情境。情绪认知还包括对情绪的来源和触发因素的认知。大学生在面对学业压力、人际关系等方面可能会经历各种情绪，了解这些情绪的触发因素有助于更深层次地理解自己的情感反应，并有针对性地处理潜在问题。总体而言，情绪认知是情感智能的基石，对于大学生的心理健康和全面发展至关重要。通过学会认知自己的情绪，大学生可以更好地理解和引导自己的情感体验，提高情感智能，更有效地面对大学生活中的各种情境。

2. 辨识情绪

辨识情绪是情绪智能中的重要环节。与简单的认知不同，辨识情绪涉及更深层次的理解，包括情绪的来源、触发因素及在不同情境下的表现方式。这对于更有针对性地进行情绪管理和调节至关重要。首先，了解情绪的来源帮助个体更深入地认识自己。情绪并非来自虚空，它们通常有具体的触发因素，可能是某个事件、某种环境，或是内在的思维和信念。通过辨识情绪的来源，大学生可以更好地理解自己的内在体验，有助于形成更全面的自我认知。其次，明确何时何地会出现某种情绪有助于制定有效的情绪管理策略。不同的情绪可能在不同的情境下出现，比如在学术压力大的时候可能会感到焦虑，在成功取得成就时可能会感到愉悦。通过辨识这些情绪的出现时机，个体可以更有目的地选择适当的情绪调节策略，提高情感智能水平。辨识情绪还有助于建立情感的自觉性。当个体能够清晰地辨识自己当前的情绪状态时，他们更容易在情感上保持冷静和理性，从而更好地面对各种挑战和压力。总体而言，辨识情绪是情绪智能发展中的关键一环。通过了解情绪的来源和出现时机，大学生可以更有效地进行情绪管理，提高情感智能水平，为更好地适应大学生活奠定基础。

（二）情绪表达与沟通

1. 情绪表达

情绪表达是情感智能中至关重要的一环。学生学会适当地表达情绪对于个体心理健康和人际关系的发展都具有积极的影响。首先，适当的情绪表达有助于减轻负面情绪。情感体验如果被压抑或过度表达可能会对心理健康产生负面影响。通过适当的表达，学生能够有效释放情绪，缓解紧张和压力，有助于保持情感的平衡。其次，情绪表达对于人际关系的良好发展至关重要。通过清晰而适当地表达情感，学生能够更好地沟通自己的需求和感受，增进彼此之间的理解。这对于建立良好的友谊、家庭关系及职业关系都是至关重要的。适当的情绪表达还有助于解决冲突。当学生能够以健康的方式表达愤怒、失望或不满时，可以更有效地与他人沟通，共同寻找解决问题的办法，避免了潜在的紧张和冲突。总体而言，情绪表达是培养情感智能的一项重要技能。学会适当表达情感使学生更有能力理解和管理自己的情绪，同时也促进了积极的人际互动，对个体整体的心理健康和社交能力的提升都具有积极作用。

2. 情绪沟通

情绪沟通是在团队和社交环境中建立良好关系的重要一环。通过有效的情绪沟通，学生能够更好地理解他人的情感状态，促进团队协作和建立积极的人际关系。首先，情绪沟通在团队协作中起到关键作用。团队通常是由不同个体组成的，每个人都带着各种情绪和期待参与到协作中。通过情绪沟通，团队成员能够更好地理解彼此的感受，有助于解决潜在的冲突，提高团队合作效率。其次，与他人建立良好关系时的情绪沟通有助于增进互信和理解。能够清晰地表达自己的情感，并且理解他人的情感体验，可以拉近个体之间的距离，建立更为紧密的社交连接。这对于个体在社交环境中的适应和融入至关重要。情绪沟通还涉及情感的分享和共鸣。通过表达自己的情感，学生可以与他人建立更为真实和深入的连接。同时，对他人情感的共鸣有助于建立共情，增进人际关系的质量。总体而言，情绪沟通是一项综合性的社交技能，对于学生在团队协作、社交互动中的成功至关重要。通过学会有效地传递和理解情感，学生能够更好地与他人合作，建立积极的人际关系，促进个体的全面发展。

（三）情绪调节与自我平衡

1. 情绪调节

情绪调节是培养情感智能的核心技能之一。通过掌握情绪调节技巧，学生可以更有效地管理和引导自己的情感体验，提高对生活各个方面的适应能力。首先，通过放松技巧和冥想等方式平复负面情绪是一种重要的情绪调节策略。这些技巧有助于缓解压力、焦虑和愤怒等不良情绪，使个体更容易保持冷静和理性。这对于在学业和生活中面对挑战时更好地保持情绪平衡至关重要。其次，通过积极活动提升愉悦情绪同样是重要的调节方式。参与喜欢的活动、与朋友互动、锻炼身体等积极活动可以释放身体中的愉悦激素，提高整体的情感状态。这有助于在面对负面情绪时更快地找回平衡。情绪调节技巧还包括积极的思维习惯的培养。学会转变消极思维、培养乐观心态有助于更积极地面对生活中的挑战，减少负面情绪的发生。这种积极的思维方式可以通过认识和改变负面的自我对话来实现。总体而言，情绪调节技巧是帮助学生更好地处理各种情绪的利器。通过灵活运用这些技巧，学生可以更好地管理情感，更积极地应对生活的各种挑战，提升心理健康水平。

2. 自我平衡

自我平衡是大学生活中至关重要的技能之一。面对学业和社交的双重压力，学生需要找到适合自己的平衡点，以保持情绪的相对稳定和心理的健康。首先，自我平衡包括对时间的有效管理。学业和社交都是重要的方面，但需要合理分配时间，以确保在学习和社交之间取得平衡。适时安排学习时间、社交时间及个人休息时间，有助于减轻压力，避免情感过度波动。其次，建立健康的生活习惯也是自我平衡的关键。充足的睡眠、均衡的饮食、适量的锻炼对于维持身体和心理的平衡都至关重要。这些生活习惯可以提供身体和大脑所需的支持，有助于更好地应对各种挑战。此外，学生还需要学会设定合理的目标和期望。过高或过低的期望都可能导致情感上的波动。设定具体、可行的目标，同时对自己有合理的期望，有助于维持情感的平衡。最后，寻求社会支持也是自我平衡的有效途径。与朋友、家人或导师分享自己的感受，获得理解和支持，有助于缓解情感压力，维持良好的情感状态。总的来说，自我平衡是大学生活中的一项重要技能，有助于保持情绪的相对稳定，更好地适应和享受大学生活的方方面面。

（四）情绪应对与适应性

1. 情绪应对

培养积极应对负面情绪的能力对于大学生的心理健康和全面发展至关重要。面对挑战和困境时保持乐观态度，并采用积极解决问题的方式有助于更好地应对各种生活压力。首先，保持乐观态度是一种积极的情绪应对方式。正面的思考和乐观的心态有助于减轻负面情绪的影响，提高抗压能力。学会看到问题的积极一面，将困境视为挑战而非障碍，有助于更好地面对生活中的各种变化和困难。其次，采用积极解决问题的方式有助于应对负面情绪。而非被动消极地面对问题，积极寻找解决方案和采取行动是更为有效的应对策略。学生可以通过分析问题、设定目标、寻求帮助等方式，积极地解决生活中的各种困境。此外，情绪调节技巧也是积极应对负面情绪的关键。学生可以学会通过放松技巧、冥想、深呼吸等方式来平复负面情绪，以更好地应对压力和挑战。总体而言，培养积极应对负面情绪的能力有助于提高个体的心理韧性和抗压能力。通过保持乐观态度、采用积极解决问题的方式，学生可以更好地适应大学生活中的各种情境，促进个体的全面发展。

2. 适应性

适应性是大学生活中至关重要的能力之一。面对新环境和新生活，学生需要具备调整情绪状态的能力，以更灵活地适应不同的情境和挑战。首先，适应新环境通常需要面对各种不确定性和变化，这可能引发各种情绪，包括焦虑、紧张等。学生需要学会调整自己的情绪，以更好地适应新的学习和生活环境。这可能包括面对新社交圈、不同的学科要求及独立生活等方面的挑战。其次，适应性还涉及对不同情境的灵活反应。在大学生活中，学生可能面临学业压力、人际关系挑战、未知的未来等各种情境。灵活地调整情绪状态，采用适当的应对策略，有助于更好地应对这些情境。适应性还包括对变化的接受和积极应对。大学生活中，学生会面临各种变化，包括课程设置、学科难度、人际关系的变化等。通过积极的心态和适应性的情绪管理，学生能够更好地迎接这些变化，保持心理的稳定性。总体而言，适应性是一项关键的心理素养，对于大学生在面对新生活、新挑战时更好地应对情绪起着重要的作用。通过培养适应性，学生能够更成功地适应大学生活的各个方面，提高个体的心理弹性。

（五）情绪智慧与长远规划

1. 情绪智慧

情绪智慧是一种关键的心理素养，特别是在大学生活中面对各种情感问题时。培养情绪智慧有助于学生更理智、冷静地应对情感挑战，并做出明智的决策。首先，情绪智慧包括对自己情感的深刻理解。学生需要能够识别、理解和接受自己的情感体验，而非被情感所控制。通过深刻认识自己的情感，学生能够更好地掌控自己的情绪反应，从而更好地应对各种情境。其次，情绪智慧涉及对他人情感的敏感性和理解能力。在社交环境中，理解他人的情感体验有助于建立良好的人际关系。学生通过培养同理心和关怀他人的能力，能够更好地与他人沟通、协作，促进共情和互助。情绪智慧还包括在决策时考虑情感因素。理性思考的同时，考虑情感因素对于做出全面、明智的决策至关重要。学生可以通过平衡理性和情感的关系，更好地权衡各种因素，做出更符合自己和他人需求的决策。总体而言，培养情绪智慧有助于学生更好地管理情感、促进社交关系、做出明智的决策。这是一项全面发展个体心理素质的关键能力，对于大学生在面对复杂情感问题时具有重要的指导作用。

2. 长远规划

情绪管理不仅关乎短期的应对，更需要有长远的规划。在大学生活中，学生面对各种压力和变化，通过长远规划来维护情绪健康对于全面发展至关重要。首先，学生可以制定个人发展目标和职业规划。明确未来的目标和方向有助于给当前的学习和生活带来更大的动力和意义。有清晰的长远规划可以降低焦虑感，使学生更有目标感，更能够应对短期的困难。其次，培养积极的生活习惯对于长远情绪管理也是至关重要的。充足的睡眠、良好的饮食、适量的锻炼等都是维护身心健康的关键。这些习惯在大学生活中的养成，将对未来的生活产生积极的影响。长远规划还包括建立健康的社交关系。与支持性的朋友、导师或家人保持密切联系，有助于在未来面对困难时有更多的支持系统。建立良好的社交关系也有助于提升个体的情感智慧和适应性。最后，学生可以探索和发展个人兴趣爱好。在学业之外，培养自己的兴趣爱好有助于提供愉悦的情感体验，缓解压力，同时也为未来的生活增加更多的丰富度。总体而言，长远规划是情绪管理的战略之一，有助于学生在大学生活中更好地应对各种挑战，为未来的职业和生活奠定坚实的基础。

第八章

心理健康教育课程改革与
教师专业发展

第一节　课程改革与教师专业化发展的关系

一、教师专业化发展的内涵

从构词方式的角度来看,"教师专业发展"涵盖了两种关键理解:一是"教师专业"的发展,关注教育职业及其教育形态的历史变迁;二是强调教师从非专业人员到专业人员的"专业发展"过程。这两种理解反映了对教师专业发展的两种主要思路和视角。

第一,对于"教师专业"的发展,这一理解注重教师职业和师范教育的演变过程。它关注外在因素,涉及教育体系、制度和体系的发展。这一角度的研究旨在推动教师成长与职业成熟的教育与培训发展研究,强调教师作为专业人员的历史演进。

第二,关于教师的"专业发展",强调了教师从非专业人员到专业人员的过程。这一理解更加关注教师个体的内在素质结构及职业专门化的规范和意识养成。这种研究立足于教师作为一个发展中的专业人员,强调其知识、技能、态度、情感等多层面、多领域的发展。

总体而言,教师专业发展不仅是关于教育职业的历史演进,也是关于个体教师从非专业到专业的内在成长过程。这样的双重理解为深刻理解和促进教育专业的发展提供了丰富的视角。

二、课程改革与教师专业化发展之间的关系

教师的专业化发展与课程改革密切联系，相互促进，二者的关系表现如下。

（一）课程改革促进教师专业的发展

新课程改革对教师提出了全新的要求，这也使得教师专业发展成为当今教育领域的热点话题。这一发展趋势是受到终身教育思潮和社会对教师素质的日益提高的影响的。在中国基础教育课程改革的时代背景下，钟启泉强调了课程改革对教师专业化的挑战。这表明新的教育课程不仅仅是对学生学习方式的改变，也涉及对教师专业素养的提升。国务院关于基础教育改革与发展的决定也明确指出，建设高素质的教师队伍是推进素质教育的关键。这反映了教师专业化发展已经成为教育体系的一个核心任务。在这一时代背景下，教师专业发展不仅是对教育界的挑战，更是对教师自身的发展的迫切要求。教育的成功需要有高素质的教师队伍，而这就要求教师本身是一个受过良好教育并持续学习的成功者。因此，教师专业发展被视为一个教师自我完善的内在需要，是适应新时代教育要求的必然选择。

（二）教师专业化发展促进课程改革的实施

在新课程改革的推进中，教师专业发展发挥着关键作用，直接影响着课程改革的实施效果。随着课程改革的深入，对教师的要求逐渐提高，因此，教师的专业素养和对新课程的专业发展成为至关重要的因素。首先，教师的观念、专业素养及教学方式方法的改变直接关系到课程实施的水平和成效。在课程改革中，教师需要更新教育理念，提高专业素养，采用新的教学方法和策略，以更好地适应新课程的理念和目标。这需要教师通过专业发展不断提升自己的能力和水平，以更好地服务于学生的学习。其次，教师的专业发展和新课程改革之间存在相互作用的关系。通过专业发展，教师可以更好地理解和应用新的教育理念和课程要求，从而更有效地参与和推动课程改革。反过来，新课程的实施也为教师提供了发展的机遇，通过实践和反思，教师可以更好地提高自己的专业水平。最后，外部环境对教师专业发展也有影响，包括学校和社会等因素。学校的组织支持和社会的认可都是促使教师专业发展的重要推动力。教师在专业发展过程中，既要关注个体自身的动力和意识，也需要学校和社会提供良好的环境和支持。因此，教师专业发展和新课程改革的密切结合有助于推动教育体制的不断进步，为学生提供更优质的教育服务。

第二节　教师专业成长的过程

心理健康教育课程是培养学生综合素质、促进心理健康发展的重要途径。在这个过程中，教师的专业成长显得尤为重要，因为他们需要不断提升自身的专业水平，适应新的教学理念，更好地服务学生的心理健康需求。

一、理念更新与认知重构

在心理健康教育的第一个层面，教师需要进行理念更新与认知重构。这个过程对于提升教师在心理健康教育领域的专业水平至关重要。教师首先需要深入理解心理健康的内涵。这包括对心理健康的多维度理解，不仅涉及心理疾病的防治，还包括积极心理素质的培养、人际关系的促进等。教师应当明确心理健康不仅仅是缺乏心理问题，更是一种积极的心理状态和生活方式。教师需要将认知心理健康与相关学科知识有机融合起来。这意味着教师不仅要关注心理健康的专业知识，还要将其整合到具体的学科教学中。例如，在语文课堂上，教师可以通过文学作品引导学生认知情感表达与情绪调节。认识到每个学生都是独特的个体，拥有不同的情感、需求和发展轨迹是理念更新的重要方面。教师应当培养对学生个体差异的敏感性，关注每个学生的心理特点，以更有针对性地进行心理健康教育。为了跟上心理健康领域的最新发展，教师需要积极参与专业培训和学习。这可以通过参加心理学研讨会、专业培训课程、阅读最新的研究文献等方式实现。通过不断学习，教师可以更新自己的理念，将最新的心理健康理念融入到教学实践中。总体来说，在这一层面，教师的专业成长需要以理念的更新和认知的重构为基础。只有在对心理健康有更深刻的认识和理解的基础上，教师才能更好地引导学生，促进他们的心理健康发展。

二、专业知识与技能提升

教师需要掌握基本的心理测量方法，以便评估学生的心理健康状况。这可能涉及使用一些心理测量工具，了解学生的情绪状态、人格特征等，从而更好地制订个性化的心理健康教育计划。良好的咨询技巧对于与学生进行有效沟通和引导至关重要。教师需要学会倾听、理解学生的需求，并能够提供合适的支持和建议。这包括积极反馈、正确引导情感表达等咨询技巧。教师需要了解并熟练运用各种心理健康教育方法。这可能包括基于情感认知理论的教学策略、通过互动式活动促进学生心理健康等方法。熟练掌握这些方法有助于提高心理健康教育的效果。为了不断提升在心理健康领域的专业素养，教师应积极参加相关的专业培训。这可以是由专业机构、心理学协会或学校内部提供的培训课程。通过参与培训，教师能够更新自己的专业知识，学习最新的教育方法，提高应对学生心理健康问题的能力。通过专业知识与技能的提升，教师能够更好地应对学生在心理健康方面的需求，提供更有效的支持和指导，促进学生全面的成长。

三、教学策略创新与实践经验积累

教师在心理健康教育中应当尝试不同的教学策略，以满足学生的多样化需求。采用案例教学、角色扮演、小组讨论等互动方式，有助于提高学生的参与度，使课堂更加生动有趣。教师可以通过不断尝试和创新，找到最适合学生的教学方法。引入互动方式可以激发学生的兴趣和积极性。例如，通过组织心理健康主题的小组活动，让学生分享彼此的看法和经验，促进互动和交流。互动方式有助于拉近师生关系，让学生更愿意分享和表达自己的心理感受。教师在心理健康教育中的实践经验是专业成长的关键部分。通过实际教学，教师可以更深入地理解学生的需求和反应，逐渐形成适合自己风格的教学方式。实践经验的积累还有助于教师更好地应对各种情境和挑战。教师在实践中需要时刻进行反思，总结教学经验，发现问题并进行调整。通过反思，教师可以不断提高自己的教学水平，更好地适应学生的需求和社会的变化。通过教学策略的创新和实践经验的积累，教师能够不断提升心理健康教育的效果，使学生更好地理解和应对心理健康问题。这也为教师在专业成长的过程中提供了更广阔的发展空间。

四、个体成长与心理调适

教师作为个体也需要不断成长和发展。这包括对自己的认知、情感和职业发展的深入了解。通过参与个人成长计划、心理咨询等方式，教师可以更好地认识自己的需求和潜力，实现个体成长。教师在面对学生的心理需求时，自身的心理健康也至关重要。进行心理调适，保持积极的心态、健康的情感状态，有助于教师更好地理解和应对学生的情感问题。心理调适可以包括定期的休息与放松、寻求专业的心理支持等方式。教师的情感状态直接影响到教学效果和学生的学习体验。因此，情感状态的管理是教师专业成长中的重要一环。通过培养积极向上的情感状态，教师能够更好地应对挑战，保持对教育事业的热情。在专业成长的过程中，教师需要注意自我关怀和生活与工作的平衡。过度的工作压力可能对教师的心理健康产生负面影响，因此合理规划工作与生活，保持身心平衡对于教师的长期发展是至关重要的。通过关注个体成长和心理调适，教师能够更好地适应教学环境的变化，保持专业的耐心和热情，为学生提供更好的心理健康教育服务。这也为教师的整体专业素养提供了更加全面的支持。

五、团队协作与专业交流

由于心理健康教育可能涉及多个专业领域，教师需要与其他专业人员建立紧密的团队协作关系。与心理医生、社工等专业人员协同工作，能够提供更全面、综合的心理健康支持。团队协作也有助于共享资源、经验和最佳实践，提高整个团队的综合水平。在团队中，可能有来自不同学科背景的专业人员。教师需要具备跨学科交流的能力，能够理解和运用来自其他领域的专业知识。通过跨学科交流，教师可以获得新的教学理念、方法和工具，促进自己的专业发展。教师之间的专业交流也是促进专业成长的关键。通过参与专业组织、研讨会、研究项目等，教师可以与同行分享心理健康教育的经验和研究成果。专业交流有助于拓宽教师的教学视野，了解不同背景和经验的观点，从而提高自身的专业水平。团队协作和专业交流也包括在实践中分享经验。通过与同事分享心理健康教育的实际案例、成功经验和挑战，教师可以从中学到更多实用的教学技巧和解决问题的方法。这种实践经验的分享有助于建立教师社群，共同推动心理健康教育的发展。在团队协作和专业交流中，教师还应具备反思与改进的能力。通过不断反思自己的教学实践，接受来自同行和专业团队的建议，及时调整教学策略，不断改进自己的教学方法。通过团队协作和专业交流，教师能够充分利用集体智慧，提高自身的专业水平，为心理健康教育提供更加有效的支持。

总的来说，心理健康教育课程中，教师专业成长是一个全面的过程，涉及认知层面的更新、专业知识与技能的提升、教学策略的创新、个体心理状态的调适及与他人的团队协作等多个方面。这一过程是一个不断学习、不断进步的旅程，有助于提高教师在心理健康教育中的专业水平和服务能力。

第三节　教师专业化发展的策略

一、提升学科知识水平

提升学科知识水平是教师专业化的首要任务。通过参加学科研讨会、培训课程及深入阅读最新研究文献，教师能够不断更新和深化自己的学科知识。这不仅为教学提供了坚实的基础，还使教师更有信心和激情地进行教学。在学科研讨会中，教师可以与同行交流，分享最新的教学方法、研究成果和经验。这种互动不仅促进了专业知识的交流，也提供了不同视角和思考方式的启发，有助于拓宽教师的学科视野。参与培训课程是一种系统性的学科提升方式，特别是针对新兴教学理念、方法的培训。这有助于教师及时了解并应用最新的教学技术和教育理念，使其保持在学科前沿。深入阅读最新研究文献则是提升学科知识深度的有效途径。通过关注学术期刊、研究论文，教师能够更好地理解学科的前沿问题和研究趋势，将这些知识融入自己的教学实践中。学科知识的更新和深化使教师更具专业竞争力，能够更好地应对学科领域的变化和挑战。同时，这也为教师提供了更多的工具和资源，使其能够更有效地引导学生，激发学生对学科的兴趣和好奇心。

二、发展教育技能

发展教育技能是教师专业化的关键步骤。除了扎实的学科知识，教育技能涵盖了诸多方面，包括教学设计、课堂管理、评估方法等。首先，参加专业的教育培训是提高教育技能的重要途径。这种培训不仅可以向教师介绍最新的教育理念和方法，还能提供实际操作的机会，使教师能够在实践中不断地调整和改进自己的教学技能。其次，观摩优秀教师的课堂是一种非常实用的学习方式。通过观察其他教师的教学实践，教师可以借鉴到不同的教学技巧和方法，丰富自己的教学工具箱。此外，接受同行评课也是一种互动学习的方式。通过同行评课，教师可以接受来自其他教师的建议和反馈，了解自己的优势和改进的空间，从而不断提高自己的教育技能。教育技能的提升使教师更具灵活性，能够更有效地应对不同学生的需求。良好的课堂管理和评估方法能够提高教学效果，创造积极的学习环境，激发学生的学习兴趣和参与度。综合而言，发展教育技能是教师专业化的必经之路。通过不断学习和实践，教师可以提升自己的教育技能，为更高质量的教育服务奠定基础。

三、深化研究与实践

深化研究与实践是教师专业化发展的重要方向。这一步骤将理论知识与实际教学经验相结合，使教师能够更全面地理解和应用专业知识。首先，参与教育研究项目是深化研究与实践的一种方式。通过参与研究项目，教师能够深入研究教育问题，积累实证研究的经验，从而更好地了解学生的学习需求、教学方法的有效性等方面的问题。其次，进行教学实践探索是将理论知识转化为实际教学行为的途径。通过实际的教学实践，教师能够验证和完善自己的教学理念和方法，发现适合学生的最佳实践。同时，撰写教育论文是将研究成果和实践经验进行系统总结和分享的方式。通过写作，教师不仅可以整理自己的思考，还能够向同行分享经验，促进教育领域的知识传递。深化研究与实践的过程中，教师将更加了解自己的优势和挑战，能够更有针对性地进行专业发展。此外，这也有助于建立教育领域内的个人声誉，为教育改革和发展做出贡献。总的来说，深化研究与实践是提高教师专业水平的关键步骤。通过将理论知识与实际教学相结合，教师能够更好地适应不断变化的教育环境，提供更优质的教育服务。

四、专业社区参与与合作

参与专业社区是教师专业化发展的一项重要策略。通过加入学科领域的专业组织和研究团体，积极参与交流与合作，教师可以实现以下目标：首先，专业社区提供了一个分享经验和知识的平台。在这个平台上，教师可以与同行进行深入的交流，分享教学实践、课程设计经验、教学资源等。这有助于教师从其他同行的经验中学习，吸收新的教学理念和方法。其次，专业社区是获取最新教育资讯的重要途径。在快速发展的教育领域，了解最新的研究成果、教学技术和政策动向对于教师保持专业素养至关重要。专业社区提供了及时获取这些信息的机会。同时，通过专业社区参与共同的研究项目，教师可以与其他领域的专业人士进行合作。这种跨学科的合作有助于拓展教师的专业视野，促进教育领域内的跨学科合作，为教育研究和实践带来新的思路和创新。最重要的是，专业社区为教师提供了一个共同成长的平台。在这个社区中，教师可以建立长期的专业关系，共同面对挑战，共享成功经验，形成共同的专业文化。总体而言，专业社区的参与与合作是提高教师专业化水平的有效途径。通过与同行的互动与合作，教师不仅能够不断提升自己的专业水平，还能够为教育领域的发展贡献力量。

五、接受持续反思与反馈

接受持续的反思与反馈是教师专业化发展中至关重要的一环。这涉及建立自我评估机制，接受来自同事、学生及领导的反馈，并及时作出调整。首先，建立定期的自我评估机制。教师可以制定明确的评估标准，对自己的教学、课程设计、学科知识水平等进行定期的评估。这种自我评估有助于教师及时发现自己的优势和不足，为进一步的专业发展制订合理的目标和计划。其次，接受来自同事的反馈是提高专业水平的有效途径。同事在共同工作中可能会有不同的观察和看法，通过接受同事的建议和意见，教师能够获得更全面的反馈信息，发现自己在教学中可能存在的盲点。同时，学生的反馈也是至关重要的。学生能够提供独特的视角，帮助教师更好地了解自己的教学效果。建立开放的沟通渠道，鼓励学生提供建设性的意见，以促进教师的不断成长。最后，定期进行教学反思是维持对教育事业持续热情的关键。教师可以回顾自己的教学经验，思考课程的设计、教学方法的效果等，从中总结经验教训，不断优化教学过程。通过持续的反思和反馈，教师能够更加敏锐地察觉到自己的成长点，并能够及时做出调整和改进。这种持续学习和改进的态度是教师专业化发展的关键因素之一。

通过这样层层递进的策略，教师可以实现专业化的全面发展，提高自身在教育领域的影响力和贡献度。

参考文献

［1］ 余国良. 大学生心理健康［M］. 北京：北京师范大学出版社，2018.

［2］ 李国毅. 大学生心理健康教育［M］. 北京：国家行政学院出版社，2019.

［3］ 孙霞，郝明亮，寇延. 大学生心理健康教育（师范版）［M］. 大连：中国海洋大学出版社，2019.

［4］ 胡盛华，杨铖. 现代大学生心理健康教程［M］. 吉林：吉林大学出版社，2014.

［5］ 李梅，黄丽. 大学生心理健康十二讲［M］. 北京：北京师范大学出版社，2012.

［6］ 邓志军. 大学生心理健康教育［M］. 北京：北京理工大学出版社，2010.

［7］ 黄希庭. 大学生心理健康［M］. 上海：华东师范大学出版社，2004.

［8］ 叶星，毛淑芳. 大学生心理健康指导［M］. 北京：高等教育出版社，2017.

［9］ 陈娟，龚燕. 大学生心理健康：体验与训练［M］. 重庆：重庆大学出版社，2017.

［10］ 瞿珍. 大学生心理健康［M］. 上海：华东理工大学出版社，2018.

［11］ 马斯洛. 马斯洛人本主义哲学［M］. 成明，译. 北京：九州出版社，2003.

［12］ 孙霞、寇延. 自助与成长——大学生心理健康教育（师范版）［M］. 大连：中国海洋大学出版社，2018.

［13］ 阳志平. 积极心理学团体活动课操作指南［M］. 北京：机械工业出版社，2009.

［14］ 冉龙彪. 大学生心理健康［M］. 北京：人民出版社，2019.

［15］ 肖红. 高校大学生求职择业心理困扰及其调适［J］. 高教高职研究. 2007（11）：176-177.

［16］ 马晓慧，岑瑞庆，余媚. 大学生网恋的心理成因及干预措施［J］. 校园心理，2011（6）：414-415.

［17］ 尹怀玉. 马斯洛需要层次理论对大学生心理健康工作的启示［J］. 知识经济，2013（9）：164-164.

［18］ 卓然. 大学生职业生涯规划中的心理问题及对策分析［J］. 德育与心理. 2016（29）：69-72.

［19］ 陈京明. 当代成人大学生自我实现路径探析［J］. 中国成人教育，2016（14）：24-26.

［20］ 李明. 当代大学生自我意识发展的特点及其调控［J］. 牡丹江教育学院学报，2015（11）：68-69.

［21］ 胡凯. 大学生网络心理健康的标准［J］. 思想政治教育研究，2012（03）：133-135.

［22］ 唐嵩潇. 谈抑郁症的心理干预方法［J］. 吉林化工学院学报，2017（12）：75-77.

［23］ 吴玉伟. 大学生健全人格的标准探索［J］. 社会心理科学，2012（6）：9-12.

［24］ 姚振. 新时期大学生心理健康标准整合的探索性研究［J］. 高教学刊，2017（5）：176-177.

［25］ 文娟. 高校大学生心理健康现状及对策研究［J］. 智库时代，2020（05）：114-115.

［26］ 何安明，惠秋平. 大学生手机依赖与生活满意度的交叉滞后分析［J］. 中国临床心理学杂志，2019（6）：1260-1263.

［27］ 魏杰. 新时期大学生心理健康标准整合的探索性研究［D］. 南京：南京大学，2013.

［28］ 王飞飞. 大学生情绪管理能力与心理健康的关系研究［D］. 重庆：西南大学，2006.

［29］ 王玉娇. 农村初中生人际关系对心理健康影响的实证研究［D］. 宁夏：宁夏大学，2014.

［30］ 唐崇潇. 谈抑郁症的心理干预方法［J］. 吉林化工学院学报，2017（12）：75-77.